P.re Gendil

★ E. 218.
  ∧

par le P. H. S. Gendil
(d'après Bourlier)

DISCOURS PHILOSOPHIQUES
SUR
L'HOMME
CONSIDÉRÉ

Rélativement à l'état de nature,
& à l'état de Société,

Par le P. G. B.

A TURIN.

Chez les FRÈRES REYCENDS Libraires
au coin de la Ruë Neuve.
MDCCLXIX.

PRÉFACE.

IL est de l'intérêt du Genre-humain, que tous les hommes soient vivement persuadés de leur destination naturelle à se réunir pour s'entr'aider dans leurs besoins, & pratiquer dans cette communication réciproque les devoirs de bienfaisance & d'équité que la raison leur prescrit, & que l'humanité leur inspire. La nature n'a point mis de sentiment plus doux dans le cœur humain, que la satisfaction touchante que l'on goûte à pouvoir faire du bien à ses semblables ou à leur marquer la reconnoissance qu'on leur doit.

Il n'y a point d'homme qui puisse se suffire à lui-même, c'est-à-dire qui puisse trouver dans son propre fond & dans ses seules forces, tout ce qui lui est nécessaire pour sa conservation, pour sa perfection & son bonheur. L'homme n'est donc point fait pour vivre en être isolé & indépendant. Il nait foible, & ses besoins même les plus indispensables l'obligent de dépendre à plusieurs égards du secours de ses semblables. C'est ainsi que l'impérieuse loi de la nécessité se joint à la voix du sentiment & de la raison pour rapprocher les hommes & les réunir en société.

Mais les hommes ainsi rassemblés ne sont point étrangers les uns aux autres. Ils ont une origine commune, ils sont tous enfans de Dieu; la raison même leur découvre en eux cette auguste qualité, & leur dicte qu'ils doivent se regarder comme frères. Sous ce point de vûe les besoins réciproques des hommes ne se bornent pas à établir entr'eux un simple commerce d'échange & d'intérêts; ce font autant de moyens que la nature leur offre d'exercer les uns à l'égard des autres, les devoirs d'une affection sociale qui ajoûte un nouveau prix à des services qui seroient moins efficaces, moins dignes de l'homme, moins doux pour celui qui les rend, moins agréables pour celui qui les reçoit, s'ils n'avoient que l'intérêt seul pour principe.

Il faut des raisons particulières pour haïr son semblable; il n'en faut point pour l'aimer. Il n'y a personne qui ne tombe d'accord que si les hommes pouvoient oublier un moment les basses & puériles passions de jalousie & d'intérêt qui les divisent, & s'intéresser généreusement les uns pour les autres suivant les préceptes de la morale & de la Réligion, il n'en résultat un beaucoup plus grand avantage pour tous en général, & pour chacun en particulier. Mais les passions cherchent à se justifier. On se dit à soi-même qu'on n'hésiteroit pas de travailler pour le bien commun de l'humanité, si les autres en vouloient faire autant de leur côté. L'avidité que l'on suppose dans les autres, la méfiance qui en est une suite, semblent autoriser les efforts que l'on fait pour tâcher d'attirer tout à soi, souvent même au préjudice du prochain. Ce terrible inconvénient loin de devoir inspirer de l'éloignement pour l'état de Société, prouve au contraire la nécessité de la resserrer par des liens plus étroits, & de l'assujettir à des règles, qui en fortifiant les inclinations primitives, par lesquelles la nature prépare les hommes à une communication récipro-

PRÉFACE.

que, réprime en même tems les passions vicieuses & déréglées, qui en pourroient troubler l'harmonie & la sûreté.

Tout conspire donc à établir que l'état de Société est un état nécessaire au Genre-humain, que la Société ne peut subsister sans ordre, que l'ordre est fondé sur les loix, & que les loix seroient inutiles, si l'autorité publique dont elles émanent, n'étoit revêtue ou accompagnée de la puissance nécessaire pour en assurer l'exécution. C'est ce qui fera la matiere des Discours suivans. On tâchera d'écarter les nuages que des Écrivains célèbres ont entrepris de répandre sur des vérités si claires. Semblables aux Poëtes qui par de riantes descriptions embellissent les cabanes rustiques des bergers, & y répandent des agrémens qui n'existent que dans leur imagination, ces hommes éloquens ont eu l'art d'intéresser l'amour de l'indépendance, & le goût pour la nouveauté en faveur d'un état prétendu naturel & primitif, où l'homme brute & isolé vivant sans inquiétude & sans souci, comme sans culture & sans raison, jouissoit de son être sans y penser, ne connoissant d'autres besoins que ceux que la nature a rendu communs à tous les animaux, & ayant toujours sous sa main les dons qu'elle lui prodiguoit pour le satisfaire. Il est vrai que malgré les charmes d'une séduisante éloquence, les attraits de cette vie sauvage & agreste n'ont encore engagé personne à déserter la Société pour se retirer dans les bois.

Mais il n'est pas moins vrai que de tels écrits sont propres à inspirer des sentimens peu conformes au bien de l'humanité. Ils font envisager la Société comme un état factice, peu nécessaire à l'homme, & dont, à tout prendre, on eût peut-être mieux fait de se passer. Prévenu de ces idées l'homme ne voit plus dans son semblable qu'un être étranger, souvent incommode, à qui la nature ne l'avoit point lié. On devient ainsi plus sensible aux désagrémens que l'on éprouve dans l'état civil, moins attentif aux avantages qu'on en retire. La trompeuse perspective d'une liberté chimérique diminue le respect pour les loix, affoiblit dans l'homme l'amour qu'il doit à tout autre homme, & dans le Citoyen l'attachement qu'il doit à sa patrie.

En combattant ces nouveautés on n'a pas fait difficulté de les donner pour ce qu'elles sont, c'est-à-dire pour des paradoxes directement contraires à l'esprit de la Religion, & à l'intérêt du Genre-humain ; mais on s'est fait une loi sévère de ne toucher ni à la personne, ni aux qualités civiles ou morales de ceux qui les ont avancées. C'est ainsi qu'un célèbre Journal sans manquer à la considération, qu'il témoigne d'ailleurs pour les talens d'un des plus fameux Ecrivains du siécle, ne laisse pas que de prémunir les Lecteurs contre la séduction de ses écrits, en rapportant un extrait où on ne craint pas de dire que cet Auteur fait de l'hypocrisie une vertu, que contre la défense de la loi naturelle, il recommande la vengeance . . . . . . qu'un homme instruit suivant ses principes seroit porté à croire que les plus grands crimes sont permis pour conserver sa vie . . . . . qu'il vivroit tellement

PREFACE. vij

pour lui-même, qu'il auroit en averſion tout emploi, toute charge utile, ou même néceſſaire à l'Etat.... qu'il ne connoîtroit rien de plus contraire à l'eſprit ſocial que le Chriſtianiſme &c. Ce ſeroit ſans doute trahir la vérité, que d'affoiblir l'impreſſion que certaines maximes ne peuvent manquer de faire ſur tout homme qui aime ſa raiſon, ſa patrie, ſa Réligion. Un Ecrivain ſe fait un mérite d'être ſeul contre tous dans ſa façon de penſer. Faut-il que le Genre-humain ſe taiſe devant lui? Ne ſeroit-il pas permis de ſe récrier contre ſes paradoxes, & de traiter d'abſurde ce qui choque réellement le ſens commun, en heurtant de front les idées les plus communément adoptées, & autoriſées par le conſentement unanime des ſages de tous les tems, & de tous les lieux? L'Auteur même a l'équité d'en convenir, & de ne pas trouver mauvais qu'on attaque ſes livres, pourvû qu'on n'attaque pas ſa perſonne.

Telle étoit la méthode des anciens Scholaſtiques. Ils diſcutoient les opinions de leurs adverſaires, les réfutoient en les caractériſant comme il leur ſembloit qu'elles devoient l'être, & s'abſtenoient de toute perſonalité. Il y a en effet une différence à faire entre la qualité de l'homme & celle de l'Ecrivain. Le même homme peut être régulier dans ſa conduite, pernicieux dans ſes écrits: dans ce cas il ſeroit également contre l'équité de vouloir ou décrier la conduite par les écrits, ou juſtifier les écrits par la conduite. CICERON nous en fournit un exemple dans la maniere dont il réfute ceux qui oppoſoient les mœurs d'Epicure pour ſervir d'apologie à ſa dotrine. Il ne s'agit pas entre nous, disoit CICE-RON, de savoir comment Epicure a vécu, mais comment doit vivre tout homme qui voudra régler sa vie sur sa doctrine. C'est tout ce qu'un particulier doit s'arroger dans les disputes. Les personnalités ne contribuerent jamais à l'éclaircissement de la vérité. Je passe à quelques observations sur le contenu de ces Discours.

Un Auteur assez connu reproche à BOSSUET d'avoir avancé dans sa Politique des maximes qui supposeroient que l'état de nature est un état de guerre. Je suis persuadé, *ajoûte-t-il*, que si le vertueux Evêque de Meaux eût prévu cette conséquence, il se fût expliqué différemment. Il peut y avoir ici du mal entendu. Faire de l'état de nature un état de guerre par une suite d'un prétendu droit illimité de tous sur toutes choses, qui arme tout homme contre tout autre homme, & confond le droit avec la force, c'est retomber dans l'affreux système d'HOBBES destructeur de toute affection sociale & de toute idée de moralité. BOSSUET connoissoit sans doute ce système, & si cet Evêque non moins éclairé que vertueux n'a pas prévu qu'un tel système fût une conséquence de ses principes, c'est qu'en effet ses principes n'y conduisent aucunement. Mais prétendre que l'état de guerre s'introduiroit fort aisément dans l'état de nature, non par un défaut de toute règle morale, & de toute inclination sociale, mais par une suite de la concurrence & de la rivalité des passions & des intérêts particuliers, c'est ce que l'expérience confirme, & c'est un principe sur lequel la plûpart

PRÉFACE. ix

des Ecrivains se fondent pour établir la nécessité du gouvernement civil. BOSSUET *a prévu cette conséquence, il l'a énoncée & avouée très-clairement* (a). Il n'y a rien, *dit-il,* de plus sociable que l'homme par sa nature, ni de plus intraitable, ou de plus insociable par la corruption; *& ailleurs:* De tout cela il résulte qu'il n'y a point de pire état que l'anarchie, c'est-à-dire, l'état où il n'y a point de gouvernement, ni d'autorité. Où tout le monde peut faire ce qu'il veut, nul ne fait ce qu'il veut; où il n'y a point de maître, tout le monde est maître: où tout le monde est maître, tout le monde est esclave. *Les anciens Ecrivains de morale & de politique ont tenu le même langage. Le célèbre Abbé* GENOVESI (b) *l'a dit depuis:* HOBBES a eu tort d'avancer que les hommes par droit de nature sont dans un état de guerre, s'il parloit du fait, il avoit raison. *C'est d'après tant d'illustres Ecrivains qu'on a parlé des désordres de l'anarchie dans ces Discours, où l'on trouvera d'ailleurs le systême d'*HOBBES *dévoilé & réfuté assez amplement.*

Monsieur HUME *observe* (c) *que le mot d'amour propre a une signification vague & indéterminée, & qu'on l'emploie pour exprimer simplement l'amour de soi-même, aussi-bien que l'orgueil & la vanité. D'où il résulte, ajoûte-t-il, une grande confusion dans les écrits de plusieurs Moralistes. Afin de prévenir cette confusion, l'Auteur croit*

(a) Polit. Liv. 1. art. 2. prop. 2.
(b) Econom. civ. p. 1. §. 36.
(c) Essais de Morale, Section VI.

PRÉFACE.

devoir avertir que par l'amour de foi, dont il a parlé dans le cours de cet Ouvrage, il n'entend point, ainsi qu'on verra qu'il s'en est assez expliqué, cet amour propre qui fait qu'on se replie uniquement sur soi-même, & qu'on ne regarde que soi dans tout ce que l'on fait; mais qu'il entend l'amour de la félicité en général, amour naturel, comme tous les Moralistes en conviennent, & qui devient le principe des déterminations particuliéres par lesquelles l'homme s'attache à différens biens. L'Auteur a tâché de répandre quelque jour sur la différence de l'amour gratuit & de l'amour intéressé, matiere assez difficile, à vouloir l'expliquer philosophiquement, & sur laquelle il paroît que BOSSUET *même a laissé quelque chose à développer.*

En traitant de la nécessité de la Réligion révélée pour le bien même de la Société, on s'est étendu à relever l'avantage de la morale du Christianisme sur la fausse sagesse des incrédules. On ne sauroit se dissimuler, *dit un des plus illustres Philosophes du siécle,* (d) que les principes du Christianisme sont aujourd'hui indécemment attaqués dans un grand nombre d'écrits. Il est vrai, *ajoute-t-il*, que la maniere dont ils le sont pour l'ordinaire, est très-capable de rassurer ceux que ces attaques pourroient allarmer; le désir de n'avoir plus de frein dans les passions, la vanité de ne pas penser comme la multitude, ont fait plûtôt encore que l'illusion des sophismes, un grand nombre d'incrédules, qui se-

_____
(d) Mel. Tom. 4. pag. 326.

PRÉFACE. xj

lon l'expression de MONTAIGNE tâchent d'être pires qu'ils ne peuvent. *En vain ces Ecrivains affectent de se parer du nom de Philosophes. Les vrais Philosophes ne les avouent point:* Il n'y a rien qui coûte moins à acquérir aujourd'hui que le nom de Philosophe (*Encyclop. art. Philosophe*). *Mais ce nom ne convient point à ceux,* en qui la liberté de penser tient lieu de raisonnement, & qui se regardent comme les seuls véritables Philosophes, parcequ'ils ont osé renverser les bornes sacrées posées par la Réligion. *Ainsi en combattant les incrédules qui s'honorent d'un titre qu'ils ne méritent pas, on n'a point prétendu attaquer ceux qui enrichissent la Philosophie par des productions utiles, & qui en faisant entrer la Réligion naturelle dans leurs écrits, ont soin d'avertir qu'elle ne suffit pas. C'est ainsi qu'un illustre Ecrivain parlant de l'immortalité de l'ame, comme de la vérité métaphysique qui nous intéresse le plus après l'existence de Dieu, observe que cette vérité tient en même tems à la Philosophie & à la révélation. Et après avoir indiqué les preuves très-solides que la raison en fournit, il ajoûte que l'impénétrabilité des décrets éternels nous laisseroit dans une espèce d'incertitude touchant cet important objet, si la Réligion révélée ne venoit au secours de nos lumières, non pour y suppléer entièrement, mais pour y ajoûter ce qui leur manque. Est-ce donc combattre la Philosophie, que de s'attacher à prouver la nécessité de la révélation?*

En parlant des anciens gouvernemens, on a cité l'Empire de la Chine, comme le plus ancien

PRÉFACE.

dont il soit fait mention dans l'histoire profane. Ce n'est-là qu'une proposition incidente avancée sans préjudice de l'antériorité que les Egyptiens ou d'autres peuples pourroient s'attribuer. Il suffit pour le but de l'Auteur, que le gouvernement Chinois soit réellement un des plus anciens, & c'est ce que personne ne conteste.

Le but général de l'Ouvrage est d'inspirer des sentimens d'union, de concorde & de paix, & d'ennoblir par l'exercice des vertus sociales une communication nécessaire à l'homme, & qui ne lui devient à charge que lorsque l'intérêt prévaut sur le devoir. Si l'on objecte, comme au sujet du luxe, que c'est une entreprise vaine de vouloir réformer tous les abus qui naissent de la cupidité, je répondrai que je le sais; mais je sais aussi que l'instruction a quelque pouvoir sur les esprits; & quand un livre n'auroit d'autre effet que d'engager un seul homme à préférer un acte de bienfaisance éclairée à une passion d'intérêt ou de vanité, on ne devroit pas se repentir d'avoir contribué à un seul acte de vertu.

Ce qui est compris depuis la page 195. *La Miséricorde gratuite de Dieu*, jusqu'à la page 203. *O Théiste &c.*, devroit être en caractère italique.

DISCOURS I.

Que l'homme est né pour la Société.

N Ecrivain célebre fait tenir ce langage à un Persan : (*Lett.* 94.) „ Je n'ai jamais „ oui parler du droit public, „ qu'on n'ait commencé par „ rechercher soigneusement quelle est „ l'origine des Sociétés. Si les hommes „ n'en formoient point ; s'ils se quittoient, „ & se fuyoient les uns les autres, il fau- „ droit en demander la raison, & cher- „ cher pourquoi ils se tiennent séparés. „ Mais ils naissent tous liés les uns aux „ autres ; un fils est né auprès de son „ pere, & il s'y tient. Voilà la société „ & la cause de la société. "

Il faut avouer que ce Persan parle plus sensément qu'un grand nombre de

Philosophes de nos jours, qui contre le sentiment de la Nature, contre les lumieres de la Raison, contre le témoignage de l'expérience pensent que les hommes sont nés pour se hair & se fuir réciproquement, & qui regardent la société ou comme un effet de la crainte, ou comme un principe de dépravation.

L'état de famille est un état de société, & cette société est certainement conforme aux vues de la Nature.

Est-ce la crainte, est-ce la haine, ou plutôt n'est-ce pas un penchant naturel qui porte les deux sexes à s'unir pour la conservation du genre-humain? Qu'on jette un coup d'œil sur toute la face de la terre dans tous les tems, partout on verra le lien conjugal établi, & respecté.

Partout où un rafinement de corruption n'a pas éteint les sentiments de la Nature, cette union est suivie d'un attachement durable & permanent, qui porte les époux à s'aider & à se secourir mutuellement.

SUR L'HOMME.

Les nœuds de cette union se resserrant de plus en plus par les fruits qui en naissent. Cette douce satisfaction qu'un pere & une mere éprouvent à se contempler, & à se voir revivre dans leurs enfans, ce transport de tendresse & de sensibilité, qui les intéresse si vivement à leur conservation, & à leur bien-être, ne peuvent que ranimer la confiance & l'affection qui les unit dans les soins qu'ils leurs partagent.

Faut-il ici rapporter les propos insensés d'un prétendu Philosophe, qui ne rougit pas d'avancer que dans l'état primitif de la Nature (*Discours de l'ineg. pag. 47.*) L'homme & la femme se quittoient aussi-tôt qu'ils s'étoient rencontrés, *que la mere allaitoit d'abord ses enfans pour son propre besoin,* & ensuite parce que l'habitude les lui rendoit chers, & que ceux-ci ne tardoient pas à quitter leur mere *sitôt qu'ils avoient la force de chercher leur pâture.*

Quoi ? une mere qui serre pour la premiere fois son enfant entre ses bras, pourroit le voir, & l'embrasser sans en être émue ! Son cœur ne lui dira rien, elle ne verra dans le fruit de ses entrailles qu'un meuble propre à la décharger d'un poids incommode ! Avant que de s'affectionner à son enfant, il faut attendre que l'habitude le lui rende cher ; cette habitude même n'aura pas le pouvoir d'affectionner l'enfant à sa mere, il n'attend que l'heureux moment d'avoir acquis assez de forces pour prendre l'essor, *& aller en pâture*. Dèslors la mere lui devient aussi indifférente qu'un arbre qui ne donne plus de fruit, il la quitte sans regret, & l'oublie pour toujours ! Y a-t-il dans la Nature humaine un monstre qui voulut se reconnoître à une peinture si odieuse, & n'est-ce pas dégrader la raison, que d'honorer du nom de Philosophie, des délires qui outragent la Nature & l'Humanité ?

Philosophe qui envoyez les enfans à la pâture, si votre système étoit vrai, la Nature n'auroit rien mis dans le cœur d'un pere pour des enfans qu'elle auroit destinés à lui être éternellement étrangers. Rappellez le souvenir de ce pere si sage, & si respectable, dont vous faites gloire de tenir le jour; oseriez-vous tenir devant lui des propos si outrageants pour sa tendresse? Son cœur flétri, navré de douleur, confondroit votre ingratitude par ses frémissemens, il vous imposeroit silence, & vous contraindroit d'avouer que c'est par une douce, & forte impression de la Nature qu'un pere aime ses enfans.

Envain objecteroit-on contre cette impression naturelle les funestes exemples des peres, & des meres, qui ne craignent pas de sacrifier la conservation de leurs enfans à une passion d'intérêt, à la crainte de la pauvreté, & de l'infâmie. Ce seroit mal raisonner. Le cœur humain est souvent combattu de mouvement divers, qui le poussent vers différents objets qu'il aime, & qu'il désire, mais qu'il ne peut posséder en même-tems: de ces deux inclinations l'une cede à l'autre. Dira-t-on pour cela que la premiere n'existe pas?

Le conflit est une preuve du contraire. L'avare jette ses trésors dans la mer par la crainte d'un naufrage. Donc l'avare n'aime pas son argent ? On a vu d'autres avares risquer leur vie pour conserver leur or ; donc l'amour de la vie ne vient pas d'une impression de la Nature ! Dira-t-on enfin que l'homme n'aime pas naturellement la liberté, parce qu'on a vu des hommes préférer l'esclavage à la mort ! J'ai insisté sur ce paralogisme, tout pitoyable qu'il est, parce que cette vicieuse maniere de raisonner est commune, qu'elle est la source d'un grand nombre d'erreurs pernicieuses, qui passent dans les livres, & dans les discours qu'on lit, & qu'on écoute avec le plus d'avidité.

Laissons l'esprit qui s'égare, & revenons à la raison : l'union conjugale est d'institution naturelle pour la conservation du genre-humain.

Les enfans périroient en voyant le jour, si ceux qui leur ont donné la vie ne prenoient soin de la leur conserver. Quand le cri de la Nature pourroit être étouffé par le bourdonnement d'une fausse philosophie, cet état de foiblesse & d'impuissance que l'on remarque dans les enfans, permettroit-il de douter que la Nature n'ait suppléé à leur indigence, en inspirant au pere & à la mere le plus vif intérêt pour les fruits de leur union?

Mais l'éducation conforme aux vues de la Nature ne se borne pas à donner le lait à un enfant, jusqu'à ce qu'il ait assez de forces, *pour aller à la pâture*. N'en déplaise à l'Auteur d'Emile: l'éducation des louveteaux n'est pas celle qui convient à l'espece humaine. Dans l'état le plus simple & le plus sauvage, il faut que l'enfant soit lié long-tems au pere, & à la mere pour les nécessités les plus indispensables de la vie. Il avoue lui-même que l'homme n'a point d'instinct particulier, comme chaque espece parmi les bêtes a le sien propre, mais qu'il jouit de l'avantage de pouvoir se les approprier tous (p. 13.) en observant, & imitant l'industrie des animaux. L'homme devant donc suppléer à l'inſtinct qui lui manque par l'obſervation & l'imitation, a beſoin d'une ſorte d'art, quelque informe qu'on veuille l'imaginer pour apprendre les moyens de pourvoir à ſa nourriture, à ſa défenſe, & à ſa conſervation ; art, qui ne peut s'acquérir que par l'expérience, & la réflexion. Cette expérience ne doit pas être trop tardive, ſans quoi l'homme périroit avant que d'avoir appris l'art de vivre.

Il faut qu'il apprenne de bonne heure à diſtinguer les plantes nourriſſantes, & ſalutaires, des végétaux nuiſibles, qui empoiſonnent, à connoître les tems, & les lieux propres à la chaſſe, ou à la pêche, à diſtinguer les bêtes féroces qu'il faut fuir, ou combattre, des animaux doux & paiſibles qu'on peut approcher impunément, à mettre en réſerve, & à conſerver des proviſions pour les ſaiſons ingrates qui ne produiſent rien. Dénué de ces connoiſſances que deviendra l'enfant Brute que l'Auteur d'Emile envoye à la pâture ? Le voilà qui s'enfonce dans les bois, ſeul, sans aide, & sans appui. L'indépendance qui l'accompagne n'est rien pour lui, il n'a pas lu Émile, il ne sait pas qu'on y envie son sort, & que la liberté dont il jouit le met au-dessus de tous les Monarques de l'Univers : pressé par la faim, il ne sent que sa misere, & l'embarras de disputer aux pourceaux les premiers glands qu'il trouve : son sommeil est troublé par les cris effrayans des animaux qui habitent les forêts ; il se leve en sursaut, il fuit, il se précipite, & va tomber dans la gueule du premier loup affamé qui le rencontre. Tel seroit le sort de la race humaine, si nos nouveaux Prométhées pouvoient donner l'être & la vie aux phantômes de leur imagination; mais la sage Nature a suivi un autre plan. Loin d'affecter dans ses œuvres une stérile indépendance, qui tendroit à tout isoler, elle a cherché au contraire à rapprocher tous les êtres, à les assujettir, & à les balancer par les liens d'une mutuelle dépendance, pour les tenir dans l'ordre, & les faire concourir à l'harmonie, & au bien général de l'Univers.

L'Auteur reconnoît encore (*p.* 30.) que ce n'est pas la Nature seule qui fait tout dans les opérations de l'homme, comme seule elle fait tout dans les opérations de la Brute : que celle-ci choisit, & rejette par instinct; mais que l'homme se détermine par un acte libre de sa volonté, qui fait qu'il s'écarte quelquefois de la regle à son préjudice. Or toute détermination de la volonté suppose une délibération sur les différents partis qui se présentent. Pour ne pas s'écarter de la regle à son préjudice, il faut peser les avantages, & les inconveniens, comparer les différentes actions, & leurs effets, balancer l'appas d'un plaisir séduisant par la prévoyance des suites fâcheuses qu'il peut avoir. Cette connoissance si nécessaire manqueroit pour long-tems à tout individu isolé dès son enfance : preuve sensible du besoin qu'ont les enfans adultes de s'instruire long-tems par les leçons, & les exemples de leurs parens, pour les néceſſités les plus indiſpenſables de la vie animale.

C'eſt ainſi que le cri du ſentiment, & l'expérience du beſoin rendent témoignage à la tendreſſe naturelle des peres & des meres envers leurs enfans, témoignage éclatant, invincible, ſupérieur aux ſophiſmes, & aux chicanes des cœurs gâtés, & des eſprits corrompus. Mais cette Nature bienfaiſante qui a mis dans les peres, & dans les meres un principe de tendreſſe ſi actif pour ſubvenir à l'indigence, n'aura-t-elle mis dans le cœur des enfans aucun retour d'affection à l'égard de ceux dont ils ont reçu le jour?

A-t-elle réellement voulu que l'homme fût un animal ſolitaire, deſtiné à paſſer toute ſa vie, ſans rencontrer peut-être deux fois ſon ſemblable, & cela ſans ſe connoître, & ſans ſe parler? (*p.* 44.) L'auroit-elle abandonné dans le déclin de l'âge aux infirmités, & aux accidens de la vieilleſſe, languiſſant dans une affreuſe ſolitude, & dans un délaiſſement univerſel, en proie aux horreurs de la faim, & aux infultes des bêtes féroces, fans efpérance de recevoir aucun fecours de fes femblables, pas même de ceux qui lui doivent la vie ? Eft-ce-là le plan de la Nature ! Sombre difcoureur, ou pour mieux dire, bon homme qui voudriez faire le méchant, quittez un moment votre trifte philofophie, rappellez le fouvenir de vos premieres années : quels étoient vos fentimens pour ce pere chéri, dont vous parlez encore avec attendriffement ? N'eft-ce qu'à force de réflexions, & par une impulfion étrangere que vous avez pu gagner fur vous-même de l'aimer, & de le refpecter ? N'avez-vous pas fenti ces doux mouvemens naître dans votre cœur fans y être appellez d'ailleurs, & n'auroit-il pas fallu vous faire violence pour en amortir l'ardeur & la vivacité ?

Reprenez le chemin de ces montagnes efcarpées, où l'antique fimplicité n'a point encore été altérée par des mœurs étrangeres. Des hommes groffiers vivans sous des toits rustiques vous feront voir ce que c'est qu'une famille rassemblée par l'impression de la Nature : des peres & des meres chérissans leurs enfans, des enfans attachés à leurs peres & meres, des freres qui s'aiment, des jeunes gens vigoureux qui trouvent la plus douce récompense de leurs travaux dans la subsistance, & le soulagement qu'ils les mettent en état de fournir aux vieillards qui leur ont donné le jour; voyez ce jeune homme dans la vigueur de l'âge, plein d'audace, & de feu, qui reçoit sans plaintes, & sans murmure les réprimandes, & les coups d'un vieillard courbé sous le faix des années : ses yeux fixes & étincelans, son air morne, & inquiet, sa contenance embarrassée, tout décele en lui un courroux captif, qui n'ose éclater. Qu'est-ce qui le retient, & qui l'enchaîne ? Ah ! si tout autre qu'un pere osoit seulement le menacer ! Mais c'est son pere, tout cede à l'impression du respect que ce nom inspire, il le désarme par sa soumission, & baise plein de joie la main qui l'a frappé.

Obfervons les enfans entre eux, quel empreffément ne montrent-ils pas pour fe voir, & s'attrouper ? Donnez à un enfant tous les jouets imaginables, feul il ne s'amufera jamais autant que s'il étoit avec fes camarades. La contrariété des fantaifies les brouille quelquefois, comme il arrive parmi les hommes ; mais l'inclination naturelle reprend bientôt le deffus, le reffentiment s'appaife, les voilà autant amis qu'auparavant, & le plus rude châtiment que vous puffiez leur infliger, feroit de les tenir long-tems féparés.

Les enfans aiment à vivre enfemble, ils favent mettre une efpece d'ordre dans leurs amufemens, qui les leur rend plus agréables, & plus piquans, ils fe font un plaifir d'imiter ce qu'ils voient faire de plus férieux. Qui pourroit méconnoître dans ces premieres étincelles de la raifon & du goût, dans le principe d'imitation, l'origine du penchant qui porte les hommes à la fociété ? Oui, c'eft par une impreffion naturelle que les enfans se rassemblent pour exécuter une course, ou une danse; chacun y est chargé de son rôle. Donnez un peu plus de solidité à l'esprit, un peu plus de gravité à la démarche, un peu plus d'importance à leurs exercices, ou, pour le dire en un mot, donnez-leur le tems de croître, que l'âge mûrisse leurs facultés, & voilà la société toute formée.

Partout où les hommes trouvent des terres qui s'ouvrent devant eux, une seule famille devient bientôt une pépiniere de nouvelles familles, qui s'étendent de proche en proche, & forment à la fin, non-seulement des bourgades, mais des peuples entiers. L'impossibilité de vivre sous un même toît les oblige à se séparer pour chercher de nouvelles habitations; cette division n'est pas l'effet d'une force répoussante qui les porte à se hair, & à se fuir réciproquement: envain chercheroit-on dans les premieres impressions de la Nature, ce principe répoussant. Il ne se glisse, & n'éclate que dans les conjonctures particulieres, où l'opposition des intérêts excite la jalousie, & la rivalité. Concluons donc que le Persan a raison, les hommes naissent liés les uns aux autres ; voilà la société, & la cause de la société.

Profitons encore de quelques réflexions de l'Auteur d'Emile pour détruire son systéme anti-social : „ Je ne crois pas,
„ dit-il, (*p.* 68.) avoir aucune contra-
„ diction à craindre, en accordant à
„ l'homme la seule vertu, qu'ait été
„ forcé de reconnoître le détracteur le
„ plus outré des vertus humaines (M.
„ de Mandeville, Auteur de la fable
„ des abeilles). Je parle de la pitié,
„ disposition convenable à des êtres
„ aussi foibles, & sujets à autant de
„ maux, que nous le sommes ; vertu
„ d'autant plus universelle, & d'autant
„ plus utile à l'homme, qu'elle pré-
„ cede en lui l'usage de toute réfle-
„ xion. " Il ajoute „ que Mandeville
„ n'a pas vu (*p.* 71.) que de cette
„ seule qualité découlent toutes les ver-
„ tus sociales, qu'il veut disputer aux
„ hommes :

,, hommes : en effet, qu'eſt-ce que la
,, généroſité, la clémence, l'humanité,
,, ſinon la pitié appliquée aux foibles,
,, aux coupables, ou à l'eſpece hu-
,, maine en général ? La bienveillance
,, & l'amitié ſont, à le bien prendre,
,, des productions d'une pitié conſtan-
,, te, fixée ſur un objet particulier : car
,, déſirer que quelqu'un ne ſouffre point,
,, qu'eſt-ce autre choſe, que déſirer
,, qu'il ſoit heureux. " Cela eſt bien.
Cependant l'Auteur d'Emile avance ailleurs, que la Nature a préſcrit (*p.* 22.)
à l'homme une maniere de vivre ſolitaire, & ſauvage ; que dans cette maniere naturelle de vivre, (*p.* 44.) les
hommes n'ayant ni domicile fixe, ni
aucun beſoin l'un de l'autre, ſe ren-
contreroient peut-être à peine deux fois
en leur vie, ſans ſe connoître, & ſans
ſe parler, qu'on voit au peu de ſoin
qu'a pris la Nature (*p.* 60.) de rapprocher les hommes par des beſoins
mutuels, combien elle a peu préparé
leur ſociabilité, & combien elle a peu
mis du ſien dans tout ce qu'ils ont fait
pour en établir les liens : Voilà qui

n'est plus bien ? Quoi ! la Nature a gravé la pitié dans tous les cœurs, vertu précieuse qui tend à intéresser l'homme au sort de ses semblables ; & la Nature a prescrit à l'homme une maniere de vivre solitaire, & sauvage ? La pitié gravée par la Nature dans tous les cœurs est le germe de toutes les vertus sociales, & la Nature n'a rien fait pour préparer les hommes à la sociabilité : la pitié est une disposition convenable à des êtres aussi foibles, & sujets à autant de maux que nous le sommes ; & l'homme sortant des mains de la Nature est un être qui se suffit à lui-même (*p.* 85.), & n'a aucun besoin de ses semblables ! D'un côté vous faites voir comment la commisération identifie tout homme avec tout autre homme (*p.* 72.) ; & vous accusez la Philosophie de l'isoler. D'un autre côté *il est impossible d'imaginer*, dites-vous, *pourquoi (p. 61.) dans l'état primitif un homme auroit plutôt besoin d'un autre homme qu'un singe, ou un loup de son semblable, ni ce besoin supposé, quel motif pourroit engager l'autre à y pourvoir* ; mais la pitié gravée par la Nature dans le cœur de l'homme ne se trouve-t-elle pas dans l'état primitif, où l'homme sort des mains de la Nature ! Ce n'est pas encore ici le comble de l'absurdité : encore les singes, & les loups vont quelquefois par troupes : mais l'homme dans l'état primitif vivroit un siécle sans rencontrer peut-être à peine deux fois en sa vie son semblable. Où trouver un animal plus isolé, brûlons tous les Dictionnaires, si ce n'est pas là ce qu'on appelle déraisonner.

Concluons que si la Nature a mis la pitié dans l'homme, c'est qu'elle a voulu intéresser chaque homme au sort de ses semblables, & subvenir à la foiblesse, & à l'indigence de chaque individu, en lui ménageant une ressource dans le cœur de tous les autres. Si la pitié est le germe de toutes les vertus sociales, concluons que le dessein de la Nature a été de faire éclater l'exercice de ces vertus dans ce commerce réciproque de devoirs, & de besoins, qui forme le lien de la Société : concluons enfin que la Nature désavoue la téméraire présomption de l'orgueilleux atôme, qui oseroit dire : Je n'ai besoin de personne, je me suffis à moi-même.

„ Il y a, dit l'Auteur d'Emile, une
„ autre qualité (*p. 32.*) très-spécifi-
„ que, qui distingue l'homme du reste
„ des animaux, & sur laquelle il ne
„ peut y avoir de contestation ; c'est
„ la faculté de se perfectionner, fa-
„ culté, qui à l'aide des circonstances
„ développe successivement toutes les
„ autres, & réside parmi nous, tant
„ dans l'espece, que dans l'individu,
„ au lieu qu'un animal est au bout de
„ quelques mois, ce qu'il sera toute
„ sa vie, & son espece au bout de
„ mille ans, ce qu'elle étoit la pre-
„ miere année de ces mille ans. "

Cette qualité qu'on nomme perfectibilité, ne réside en effet que dans l'homme seul, où y réside d'une maniere si supérieure aux nuances, qu'on en peut remarquer dans les autres especes, qu'elle suffit pour établir une différence essentielle, & comme dit l'Auteur, très-spécifique entre l'homme

& la Brute. C'est par la perfectibilité que l'homme s'éleve du sensible à l'intelligible ; passage, qui ne se fait que dans l'homme, & qui suffit seul pour montrer qu'elle est l'excellence de la Nature humaine sur tous les autres animaux. Or la perfectibilité fournit une preuve aussi simple que concluante de l'impression naturelle, qui porte les hommes à la Société. La perfectibilité est un principe de sociabilité, la Nature a donné à l'homme la perfectibilité. Donc elle a donné à l'homme un principe de sociabilité. Il est vrai qu'il ajoute ensuite, que l'homme naturel n'a reçu qu'en *puissance* la perfectibilité, les vertus sociales, & autres facultés, que ces facultés ne pouvoient jamais se développer d'elles-mêmes, qu'elles avoient besoin pour cela du concours fortuit de plusieurs causes étrangeres, qui pouvoient ne jamais naître, & sans lesquelles il fut demeuré éternellement dans sa condition primitive. Ne diroit-on pas que l'Auteur cherche ici à embrouiller une vérité qu'il n'a pu méconnoître ? Si l'homme a reçu en *puissance* la perfectibilité, c'est que le Genre-humain ne pouvoit subsister dans sa totalité sans les circonstances, par lesquelles cette puissance s'exerce, & se développe. Nous avons vu que l'état de famille est très-naturel à l'homme, il n'en faut pas d'avantage pour mettre en exercice la perfectibilité, & les vertus sociales qui l'accompagnent, la bienveillance, & l'amitié, la reconnoissance, & le respect, la commisération, la patience, la justice, la fidélité. Ne seroit-il pas absurde de penser que la Nature eût placé dans l'espece humaine, & dans chaque individu une *propriété très spécifique*, c'est-à-dire, essentiellement inhérente à la constitution de l'homme, & dont le développement devoit dépendre d'un concours de circonstances fortuites, qui pouvoient ne jamais naître? Les ours sont aujourd'hui ce qu'ils étoient, il y a mille ans : mais il se pourroit faire que les circonstances d'où dépend le développement de leur perfectibilité, ne fussent pas encore nées; ne désespérons de rien, peut-être ces circonstances naîtront un jour, les ours deviendront raisonneurs, & on aura de jolis systêmes de leur façon.

La Nature a placé dans les graines un principe de végétation, qui a besoin des sucs de la terre, & de l'action du Soleil pour se développer : aussi a-t-elle distribué les plantes, de telle sorte qu'il y aura toujours des graines, que des causes naturelles, & intimement liées répandront sur la surface de la terre pour y recevoir la nourriture, & l'accroissement. Quoique le développement de ce principe de végétation dépende de l'action d'un principe extérieur, jamais un Philosophe ne dira qu'il dépend d'un concours fortuit de circonstances qui pouvoient ne jamais exister : ce seroit rompre la chaîne des êtres. On peut dire de même que si la Nature a mis la perfectibilité dans l'espece humaine, & dans chaque individu, comme une qualité très-spécifique, c'est que le Genre-humain étoit fait pour se trouver dans les circonstances, qui devoient développer cette puissance. Sans ce rapport direct, &

immédiat la Nature n'auroit non plus donné la perfectibilité à l'homme qu'aux tortues, & aux limaçons.

Quelle confiance pourra-t-on prendre aux raisonnemens de l'Auteur, si l'on fait voir, que suivant ses propres principes, les circonstances d'où dépend le premier exercice de la perfectibilité, sont inséparablement attachées à la condition primitive de l'homme dans l'état même le plus sauvage, & le plus agreste? Rien n'est cependant plus aisé. L'homme dans cet état primitif doit, selon lui, suppléer à l'instinct qui lui manque par l'observation, & l'imitation de l'industrie des autres animaux. Or qui dit observation, & imitation, dit une attention suivie de l'esprit, à considérer certains objets, un résultat de comparaisons, & de réflexions, & l'application qu'on en fait aux usages que l'on se propose. C'est ainsi que l'homme naturel se mesure avec les autres animaux, qu'il compare leurs forces à leur agilité, qu'il apprend à les combattre avec succès, en s'armant d'une pierre, ou d'un bâton, & que dans les climats froids il se munit contre les injures de l'air, en écorchant la premiere bête qu'il tue, & se revêtant de sa peau. Voilà donc l'aurore du génie, de la raison, & des arts; c'est la nécessité la plus indispensable qui fait éclater dans l'homme sauvage la premiere étincelle de ce beau feu qui éclaire, qui épure, & adoucit l'ame. Une fois que l'intelligence a pris son essor, qu'elle a commencé à goûter le plaisir de connoître, & à sentir le pouvoir que ses connoissances lui donnent sur toute la Nature pour la plier à son gré, quel obstacle pourroit en arrêter les progrès dans l'espece humaine? Semblable à une flamme qui s'attache à tout ce qui l'environne, qui croît, & qui se fortifie par l'union, & la repercussion du feu qu'elle communique, l'intelligence humaine cherche avec une ardeur inépuisable à se répandre hors d'elle-même, & à s'approprier, par ses découvertes, tout ce qui s'offre à ses regards; plus elle connoît, plus elle s'éleve & s'aggrandit, elle domine la Nature de plus haut,

& les connoissances qu'elle acquiert lui fournissent de nouveaux moyens de déployer son activité sur les objets qu'elle embrasse, & de les faire servir à ses desseins.

C'est en vain que l'Auteur prétend que le premier qui se donna des habits, & un logement, fit une chose peu nécessaire, & peu conforme à la Nature. Si la Nature permet, selon lui, d'écorcher une bête pour se revêtir de sa peau, pourquoi la Nature défendroit-elle de préparer cette peau pour en rendre l'usage plus durable, plus commode, plus assorti à la fin qu'on se propose; si la Nature permet de s'armer de pierres, & de bâtons pour combattre les bêtes féroces, pourquoi défendroit-elle les dards, les flèches, & les épées ? L'homme a reçu la perfectibilité en partage, comme une propriété distinctive de sa Nature; rien n'est plus conforme à la perfectibilité que la perfection des arts; la conséquence se présente d'elle-même, & il faut renverser le bon sens pour conclure avec l'Auteur que les progrès des arts sont contraires à la Nature.

Si l'intelligence humaine est capable de connoître en partie l'ordre, & la beauté qui regne dans l'Univers, si par cette contemplation elle reçoit en elle comme une impression, & une image de la Souveraine Sagesse, qui a étalé ce magnifique spectacle à nos yeux, si par cette connoissance qu'elle acquiert des desseins, & de l'art de l'Etre Suprême, elle apprend a le connoître, & s'éleve jusqu'à lui, ne seroit-ce pas être ennemi du Genre-humain, que de vouloir le retenir dans les ténebres, borné aux besoins les plus grossiers, insensible aux lumieres de la raison, & aux attraits de la vérité, vivant un siécle sur la terre sans connoître les œuvres du Créateur, & les bienfaits de la Providence, quittant la vie comme les animaux sans avoir jamais goûté la douceur de la vertu, & de l'amitié ?

Le développement de la raison, suite nécessaire de la perfectibilité naturelle à l'espece humaine, forme un nouveau lien de société entre les hommes. La raison est sociale. C'est dans la communication réciproque, dans cet échange, pour ainsi dire, d'idées, & de connoissances que les hommes font entr'eux, que la raison s'éclaire, s'étend, & se fortifie davantage. De-là cette inclination naturelle, quoique souvent dépravée d'entendre toujours quelque chose de nouveau; de-là l'insupportable ennui de la solitude, le plaisir charmant de la conversation, & l'envie intarissable de parler, lors même que l'on n'a rien à dire, tout celà est dans l'homme, & montre en lui un être destiné, & naturellement porté à la société.

Les animaux n'ont que le cri du sentiment; la parole est dans l'homme l'expression de l'intelligence, & de la pensée. L'inestimable avantage de pouvoir attacher toutes sortes d'idées à des signes de convention pour les transmettre dans l'esprit des autres; cette faculté si nécessaire, & si propre à lier les hommes entr'eux, est un fruit précieux de la raison, & réside dans l'homme seul comme un témoignage convaincant de sa destination à la société. Il n'est point de peuple sur la terre qui n'ait son langage de convention, point de Nation, point de Canton si sauvage qui ne s'en serve pour cultiver une sorte de commerce, & d'association, point de Barbares si pauvres, & si malheureux dans les sables du Midi, & dans les glaces du Septentrion, qui ne sentent la supériorité que le langage, & la communication, qui en est une suite, leur donnent sur le reste des animaux pour les dompter, & les assujettir à leur service. Dans cette infinie variété de langages que parlent les peuples dispersés sur la surface de la terre, une voix uniforme se fait entendre, voix constante, & universelle, voix qui vient de toutes les contrées, & de tous les tems, la voix en un mot du Genre-humain, qui atteste la société que cultivent tous les peuples ; avouons que les déclamations d'un sophiste sont bien foibles contre une voix si puissante.

Je conclus donc que le Genre-humain a un penchant naturel à la société, fondé sur l'aptitude, le besoin, & l'inclination. L'énoncé seul de cette vérité suffit pour la prouver. Le gros des hommes n'en doutera jamais. J'ai cru néanmoins qu'il seroit utile de discuter ce que l'imagination la plus fertile a inventé contre une vérité si intéressante pour le Genre-humain. Il est de l'intérêt de la société que ceux qui la composent, sachent qu'ils sont nés pour cela. Tous ceux qui lisent n'approfondissent pas, & ne sont pas même en état d'approfondir. Les Auteurs paradoxes, qui jouissent de quelque réputation, & que des talens très-indépendans de la justesse rendent célèbres, ont un grand avantage vis-à-vis des Lecteurs superficiels. S'ils ne persuadent pas entiérement leurs erreurs, ils font du moins douter de la vérité. On s'imagine qu'ils n'auroient pas combattu certaines maximes, si elles étoient aussi vraies qu'elles le paroissent ; on croit que ces génies perçans ont vu des difficultés inaccessibles au vulgaire. Il étoit donc à propos d'exposer dans un sujet très-important, quelles sont les pensées

& les réflexions qui les ont détournés de la croyance commune, d'en dévoiler le néant, & la frivolité, & de convaincre par ce moyen ceux qui veulent être détrompés, que ces beaux esprits ne voient rien de plus extraordinaire que les autres, & que si on n'est pas de leur avis, ce n'est pas qu'on ne les entende, & qu'on ne sache ce qu'ils savent, mais parce qu'on voit clairement qu'ils se trompent.

DISCOURS II.
De l'égalité naturelle.

JE vois un grand nombre d'Ecrivains qui discourent de l'égalité que la Nature a mise entre tous les hommes, & peu qui la définissent.

Tous les arbres sont également arbres, mais tous les arbres sont-ils égaux? C'est ainsi que la question de l'égalité présente deux aspects qu'il importe de ne pas confondre.

Tous les hommes sont également hommes; ils participent tous à la même Nature, & à la même origine. La dignité de la Nature humaine, & sa supériorité sur le reste des animaux est la même en tous. Cette égalité est inaltérable, elle subsiste malgré les différences que l'ordre civil peut introduire. En ce sens le dernier des esclaves est l'égal des Rois. Le Monarque le plus absolu, qui voudroit méconnoître cette

égalité,

SUR L'HOMME. 33

égalité, qui s'estimeroit plus par la qualité de Roi, que par la qualité d'homme, montreroit une ame basse, & se dégraderoit. Ainsi malgré les différences introduites par l'ordre civil, tout homme doit respecter dans tout autre homme son semblable, & son égal.

Par cette raison tous les hommes apportent, en naissant, un droit égal à leur subsistance, à la conservation de leur vie, & de leurs membres, au libre usage des facultés dont la Nature les a pourvus, conformément à leur destination.

Il suit encore de-là que dans l'état de Nature les hommes ne naissent ni maîtres, ni esclaves, ni nobles, ni roturiers, ni plus riches, ni plus pauvres; puisque la Nature n'a fait aucun partage, & qu'elle offre à tous en commun ses productions, & ses richesses.

Mais par le droit de la Nature les hommes sont-ils également indépendans? C'est au fait le plus constant, & le plus universel à décider cette question. Tous les hommes naissent enfans, &

C

tous les enfans naissent dans la dépendance de leurs Peres, & de leurs Meres. Cette dépendance n'est pas uniquement fondée sur la foiblesse des uns, & sur la force des autres. Un enfant ne dépend pas de son Pere de la même façon qu'un jeune homme dépendroit d'un brigand qui l'auroit enlévé pour en faire son esclave. Il est un sentiment naturel qui porte les Peres, & Meres à soigner l'éducation de leurs enfans ; éducation qui comprend non-seulement les soins nécessaires pour les faire vivre, mais aussi les instructions convenables pour leur apprendre à bien vivre. Cette éducation si conforme à la Nature, ne l'est pas moins à la raison. On loue les Peres qui élevent bien leurs enfans, on blâme ceux qui les négligent, ce devoir est arresté par le sentiment unanime de tous les hommes, & en matiere de sentiment l'autorité du Genre-humain doit l'emporter dans l'esprit des Sages sur toutes les subtilités des Sophistes.

Si c'est un devoir aux Peres & aux Meres d'élever leurs enfans, ils ont donc le droit de les élever, c'est-à-dire, le droit de les gouverner, de les instruire, & de les corriger. Un enfant indocile peut dès l'âge de huit, ou dix ans s'imaginer follement qu'il est en état de se conduire, & d'aller de lui-même à la pâture. Fera-t-on passer le Pere pour un tyran parce qu'il refuse d'abandonner cet enfant à sa conduite, & qu'il le retient malgré lui? Un Pere qui remarque dans son enfant les premiers traits d'un caractere porté à la violence, à la cruauté, à la fainéantise, à la dissipation, agit-il contre Nature, & Raison, s'il use de réprimandes, de ménaces, de châtimens pour le contenir, & le modérer? Voilà donc une supériorité d'un côté, une subordination de l'autre, établie sur l'ordre de la Nature, & approuvée de la Raison.

Il ne faut pas croire que les liens de l'affection réciproque qui unissent les Peres, & les Enfans, n'aient d'autre objet que de pourvoir aux besoins indispensables de l'enfance, & de la vieillesse. On peut dégrader l'homme tant qu'on voudra, mais le Sophiste le plus outré ne sauroit contester que l'homme n'ait par dessus les animaux une sorte d'esprit, & d'intelligence capable de saisir le vrai, & de sentir le prix des vertus sociales. Les efforts d'esprit que fait le Sophiste pour se ravaler, sont fort au-dessus de la capacité des bêtes, & plus ses raisonnemens sont spécieux, mieux ils détruisent ce qu'il s'efforce de prouver. En un mot la puissance de connoître, & de goûter la vérité & la vertu, est dans l'homme, & elle n'est pas dans la bête. Les loix de la société dans les hommes ne sauroient donc être bornées aux besoins, & aux fonctions purement animales, sans quoi il n'y auroit rien dans cette société qui répondît à l'intelligence, & à la raison, c'est-à-dire, à ce qu'il y a de plus social dans l'homme, & qui porte de sa nature à une plus étroite communication. Si les Galilée, les Kepler, les Newton avoient pu vivre sur la terre, dégagés des besoins du corps, & comme de purs esprits, nous concevons pourtant que ces esprits auroient cherché à s'unir, & à se rapprocher pour se communiquer leurs idées. Il en est de même de tous les hommes : quelque peu relevés que soient, ou que paroissent les objets, sur lesquels ils exercent leur faculté de raisonner (car en cela il n'y a que du plus, & du moins) ils aiment naturellement à se communiquer leurs pensées, & c'est un des liens de leur société.

Il faudroit donc s'aveugler pour croire que la société que la Nature a établie entre les Peres, & les Enfans, société cimentée par l'affection mutuelle qu'elle leur inspire, n'eût d'autre objet que les besoins de la vie purement animale. Ainsi quand en quelque cas particulier un Pere n'auroit aucun besoin de son fils, ni le fils aucun besoin de son Pere, cela seul ne détruiroit ni leur affection réciproque, ni l'ordre de société que la Nature a établie entr'eux.

Jettons encore un coup d'œil sur ces demeures champêtres, où des familles entieres ne connoissent d'autre regle de société que l'impression des sentimens que la Nature leur inspire. Les enfans croissent dans la famille sous les yeux du Pere, & de la Mere ; ils parviennent à la vigueur de l'âge, & de la virilité, sans songer à quitter leurs foyers, ni le sol natal qui les nourrit. L'autorité paternelle ne les effarouche point, ils y sont accoutumés dès l'enfance. C'est le Pere qui régle tout, qui ordonne le travail, qui distribue la nourriture, & le vêtement. Il appaise les querelles, & décide les différens qui s'élevent, & maintient ainsi l'ordre, & la paix, les enfans ne voient rien en cela, que de naturel, & de légitime ; ils se soumettent volontairement à un empire si chéri, & si respectable, mais ils sont bien éloignés de penser que l'autorité paternelle tire sa force de leur consentement, & de leur soumission. Ils regarderoient comme impie, ou ridicule tout homme qui oseroit demander à quel titre un Pere prétend gouverner sa maison ; & si un des enfans étoit assez malheureux pour se revolter contre l'autorité paternelle, tout les autres s'éleveroient contre lui, &

le forceroient à rentrer dans le devoir.

Tel est l'ordre établi sur les premieres impressions de la Nature. Je ne dis point que cet ordre ne puisse être perverti par des passions particulieres qui porteront le trouble, & la désolation dans les familles. Mais je dis que les premiers sentimens que la Nature inspire aux Etres humains, sont des sentimens de bienveillance, & d'affection, tels qu'on les remarque entre les Peres, & les Enfans : ces sentimens subsistent, & se perpétuent jusqu'à ce qu'ils soient affoiblis, ou altérés par des causes étrangeres de concurrence, & de rivalité. Les premiers, (ce qu'il importe de remarquer), naissent du fond de la Nature. La commisération naturelle aux hommes en est une preuve évidente : tout homme est naturellement porté à soulager, ou à secourir un autre homme, quoiqu'il ne le connoisse pas, & qu'il n'ait aucune liaison avec lui, au lieu que les sentimens contraires ne naissent que de quelque cause accidentelle, qui excite les passions, & fait succéder la haine à la bienveillance.

Cette réflexion suffit pour détruire le système connu d'Hobbes. Je dis enfin que l'ordre de famille établi sur les premieres impressions de la Nature, est un ordre naturel de société, & qu'en vertu de cet ordre tous les hommes naissent dans la dépendance d'une autorité naturelle, & légitime.

L'égalité d'indépendance dans l'état de Nature ne peut donc se trouver qu'entre les différentes familles, & les individus respectifs qui les composent.

Mais cette égalité n'exclut pas les autres sources d'inégalité naturelle, qui se tirent de la différence de l'âge, des qualités du corps, & de l'esprit, des tempéramens, du caractere, des différens genres de vie, des habitudes, du climat, & des accidens même fortuits.

1. Un enfant de dix ans, & un vieillard infirme ont-ils la même force qu'un jeune homme dans la vigueur de l'âge ? Si celui-ci les rencontre dans une campagne écartée, comme il arriveroit souvent dans l'état de Nature, ne seront-ils pas à sa merci ? Je défie

Hobbes de trouver ici cette égalité de pouvoir qu'il attribue à tous les hommes dans l'état de Nature, en ce que l'un peut suppléer par la ruse, à ce qui lui manque du côté de la force.

2. Dans la vigueur même de l'âge quelle différence de force, d'adresse, & d'agilité la Nature n'a-t-elle pas mise entre les différents individus ?

Quelle variété de tempéramens & de caracteres ! L'un flegmatique, & paisible, l'autre ardent, & impétueux : l'un actif, & vigilant ; l'autre indolent, & paresseux : l'un triste, & mélancolique, l'autre gai, & pétulant.

Le différent genre de vie mettra une différence notable entre des familles occupées de la chasse, exercées à combattre les bêtes féroces, & des familles uniquement occupées du labourage, & du soin de leurs troupeaux : entre celles qui sont obligées de faire valoir un sol ingrat à force de travail, & d'industrie, & celles à qui de fertiles terres fournissent une subsistance aisée. Je ne ferai pas un plus long dénombrement des inégalités qui peuvent avoir lieu entre les hommes dans l'état de Nature, elles se présentent d'elles-mêmes, & ne sont pas sujettes à contestation. Concluons que tous les hommes sont égaux par Nature, & qu'ils apportent tous en naissant un égal droit à leur subsistance, à la conservation de leur vie, & de leurs membres, au libre exercice de leurs facultés, *conformément à la droite raison*. C'est l'expression même de Hobbes.

Que cette égalité de Nature, & de Droit n'exclut aucunément la dépendance, & la subordination attachée à l'état de famille, dans lequel tous les hommes naissent par loi de Nature.

Que malgré l'égalité de droit commune à toutes les familles, & aux individus qui les composent, l'état de Nature ne laisse pas que de donner lieu à une très-grande inégalité de forces, ou de pouvoir physique dans les uns préférablement aux autres. Que l'égalité de droit seroit sans cesse exposée à être enfreinte, & violée par la facilité que l'inégalité du pouvoir physique donneroit aux plus forts vis-à-vis des plus foibles, de leur ravir leur subsistance, d'attenter à leur vie, de gêner le libre exercice de leurs facultés.

Que pour maintenir l'égalité de droit, & la mettre à l'abri des insultes de l'inégalité du pouvoir physique, la droite raison persuade de substituer, ou opposer à l'inégalité physique une autre sorte d'inégalité morale, & politique, beaucoup plus forte par l'union de plusieurs familles sous une autorité commune, qui étant armée des forces de tous & d'un chacun, puisse réprimer l'inégalité du pouvoir dans chaque particulier, & assurer à tous cette égalité de droit qu'ils ont à leur subsistance, à leur conservation, au légitime exercice de leur liberté.

Que la Nature même offre l'idée de cette inégalité morale dans l'état de famille, où l'autorité paternelle maintient tout en regle, prévient les injustices, & fait régner la concorde, & la paix.

Que la maniere de vivre de certains peuples, ou même de certains villageois isolés, & vivants dans la plus grande simplicité, nous offre une image sensible de l'impression qui porte les hommes à introduire, & à imiter l'état de famille dans leur association. Un vieillard vénérable par ses cheveux blancs, par une longue expérience, par une réputation soutenue d'intégrité, & d'intelligence, devient naturellement l'arbitre de ses égaux, on s'empresse de le consulter ; ses décisions sont reçues comme des oracles; & le cri public étoufferoit bientôt la voix téméraire, qui oseroit murmurer.

Telle est la premiere ébauche de gouvernement que la Nature a présenté aux hommes. L'Empire de la Chine est de l'aveu de tout le monde le plus ancien de tous les gouvernemens connus dans l'Histoire profane. *Cet Empire*, dit l'Auteur de l'Esprit des Loix, *est formé sur l'idée du gouvernement d'une famille*. L'autorité paternelle fut aussi le modele de l'ancien gouvernement des Egyptiens. L'Histoire ancienne en fournira d'autres exemples. Ainsi les élégans Ecrivains qui plaisantent sur cette idée, montrent peut-être moins d'esprit que d'ignorance, ou de passion.

DISCOURS III.

Si l'état de Nature est un état de guerre.

Hobbes a pensé que l'état de Nature est un état de guerre de tous contre tous ; c'est la maxime fondamentale de son système politique.

Il me paroit qu'il y a deux choses à distinguer dans cette maxime ; la proposition en elle-même, qui peut être vraie en un certain sens, & l'esprit de la proposition, c'est-à-dire, le sens dans lequel Hobbes l'entend, sens qui se manifeste par les preuves qu'il en apporte, & par les conséquences qu'il en déduit, dont l'ensemble forme ce système monstrueux, que l'Auteur de l'Esprit des Loix rejette avec une si juste indignation.

La premiere preuve est que la Nature a donné à tous un droit illimité sur toutes choses, & envers tous. Ce qu'il prétend prouver par ce raisonnement : chacun a droit de se conserver. Donc il a droit d'user de tous les moyens nécessaires pour cette fin ; or les moyens nécessaires sont ceux que chacun estime tels en ce qui le touche. Donc chacun a droit de faire, & de posséder tout ce qu'il jugera nécessaire à sa conservation, & par conséquent la justice, ou l'injustice d'une action dépendent du jugement de celui qui la fait, ce qui le tirera toujours hors de blâme, & justifiera son procédé.

La Nature, dit-il encore, a donné à chacun de nous égal droit sur toutes choses. Je veux dire que dans un état purement naturel, & avant que les hommes se fussent mutuellement attachés les uns aux autres par certaines conventions, il étoit permis à chacun de faire tout ce que bon lui sembloit contre qui que ce fût, & chacun pouvoit posséder, se servir, & jouir de tout ce qui lui plaisoit. Hobbes éclaircit encore sa pensée par cette remarque : il faut entendre ceci de cette sorte, qu'en l'état de Nature il n'y a point d'Injure, en quoi qu'un homme faſſe contre quelqu'autre.

Il ajoute néanmoins, „ non qu'en cet „ état là il ſoit impoſſible de pécher con- „ tre la Majeſté Divine, & de violer les „ Loix naturelles, mais de commettre „ quelque injuſtice envers les hommes, „ cela ſuppoſe qu'il y ait des Loix hu- „ maines, qui ne ſont pourtant pas en- „ core établies dans l'état de Nature „ dont nous parlons. "

On fit cette objection à Hobbes: ſi quelqu'un commet un patricide, ne fait-il point de tort à ſon Pere ? A quoi il répondit, qu'on ne peut pas concevoir qu'un enfant ſoit dans un état purement naturel, à cauſe que dès qu'il eſt né, il eſt ſous la puiſſance, & ſous le commandement de celui à qui il doit ſa conſervation.

La ſeconde raiſon que Hobbes apporte de ſon ſentiment, c'eſt que dans l'état de Nature tous les hommes ſont portés à ſe craindre, crainte qui provient de ce qu'ils ont tous un pouvoir égal de ſe nuire.

Il prétend de plus que la volonté de

nuire en l'état de Nature, est aussi en tous les hommes; mais ajoute-t-il, elle ne procede pas toujours d'une même cause, & n'est pas toujours également blâmable. Il y en a qui reconnoissant notre égalité naturelle, permettent aux autres tout ce qu'ils se permettent à eux-mêmes; & c'est-là vraiment un effet de modestie, & de juste estimation de ses forces. Il y en a d'autres, qui s'attribuant une certaine supériorité veulent que tout leur soit permis, & que tout l'honneur leur appartienne, en quoi ils font paroître leur arrogance: en ceux-ci donc la volonté de nuire naît d'une vaine gloire, & d'une fausse estimation de ses forces: en ceux-là elle procede d'une nécessité inévitable de défendre son bien, & sa liberté contre l'insolence de ces derniers.

Il me paroit qu'il n'est pas difficile de détruire ce système par les principes mêmes de son Auteur.

Le droit illimité de toutes choses, & contre tous, est une chimere. Tout droit combattu par un droit contraire, & égal devient nul. J'ai le droit d'exiger cent écus de mon voisin; mon voisin a le droit d'exiger cent écus de moi. Cela veut dire, que ces deux droits se détruisent; ou pour faire un cas plus précis, si un Blanc a le droit de réduire un Nègre en esclavage, & si ce Nègre a un même droit d'y réduire le Blanc, il est évident que ces deux droits se heurtant en sens contraire avec des forces égales, se réduisent à rien. Il en est de même de ce droit illimité surtout, que l'Auteur admet dans l'état de Nature. Ce droit considéré dans chaque individu est combattu par un droit contraire, & égal dans chaque autre individu; c'est donc un droit nul, & chimérique. On peut encore ajouter que ce prétendu droit ne serviroit qu'à mettre les hommes dans la position la plus désavantageuse, les uns à l'égard des autres. Car chaque individu n'auroit que son droit pour lui, & il auroit contre lui le droit de tous les autres individus.

C'est ce que l'Auteur lui-même a été forcé de reconnoître n. XI. ,, Il n'a pas ,, été expédient pour le bien des hommes

„ qu'ils eussent en commun ce droit sur
„ toutes choses. Car il leur fut demeuré
„ inutile, tel étant l'effet de cette puis-
„ sance, que c'eût été presque de même
„ que s'ils n'en eussent eu aucune com-
„ munication, puisque dans l'usage ils
„ n'en eussent pu tirer aucunes préroga-
„ tives. A la vérité chacun eût bien pu
„ dire de toutes choses : *cela m'appartient*;
„ mais la possession n'eût été pas si aisée,
„ à cause que le premier venu, jouissant
„ du même droit, & avec une force
„ égale eût eu de pareilles prétentions,
„ & se la fut appropriée avec une au-
„ torité semblable. " Or quoi de plus inutile que d'imaginer pour l'état de Nature une espece de droit, que la constitution essentielle de l'état de Nature doit rendre nécessairement inutile ?

2. Il est également aisé de démontrer par les principes de l'Auteur, que ce prétendu droit ne sauroit être un droit. Il avoue que ce qui constitue un droit, c'est la conformité à la droite raison. Or loin que ce prétendu droit de tous sur toutes choses soit conforme à la droite raison, au

contraire il reconnoit que ce droit & l'état de guerre, qui en est une suite nécessaire, tend visiblement à la destruction du Genre-humain, & de chaque homme en particulier, & qu'ainsi la droite raison dicte à tous les hommes qu'il faut renoncer à ce droit pernicieux. „ Celui qui estimeroit, dit-il n.
„ 13., qu'il faut demeurer en cet état,
„ auquel toutes choses sont permises à
„ tous, se contrédiroit soi-même ; car
„ chacun désire par une nécessité natu-
„ relle ce qui lui est bon, & il n'y a
„ personne qui puisse estimer que cette
„ guerre de tous contre tous, attachée
„ nécessairement à l'état naturel, soit
„ une bonne chose.

Peut-on reconnoître le moindre vestige de conformité à la droite raison dans ce qui tend à la destruction du Genre-humain, & de chaque homme en particulier, dans un droit que la saine raison conseille de renoncer, qu'on ne sauroit vouloir retenir sans se contredire soi-même, & agir contre l'inclination naturelle qui tend au bien?

Mais, dit Hobbes, chacun a droit

de se conserver. Donc il a droit à tous les moyens nécessaires pour cette fin. On répond qu'il a droit d'user de tous les moyens, *conformément à la droite raison*, & non autrement. Un homme dans l'état de Nature trouve sur son chemin des arbres chargés de fruits. Il ne fera rien contre la droite raison, en cueillant ce qui peut lui être nécessaire pour sa subsistance : mais si follement épris du principe d'Hobbes, il se disoit en lui-même, *toutes choses m'appartiennent*, & qu'en conséquence de ce Principe il se mit à détruire ce qu'il ne pourroit emporter, & qui pourroit servir à la subsistance des autres, il agiroit certainement contre la droite raison, Hobbes paroit n'en pas disconvenir. Donc cet homme n'auroit aucun droit d'en agir ainsi.

Mais dans l'état de Nature les moyens nécessaires à la conservation sont ceux que chacun estime tels. On répond encore que ce sont ceux que chacun estime tels, conformément à la droite raison, & non autrement. On dira que dans l'état de Nature chacun est son propre Juge, & ne reconnoît point de supérieur. Glissons sur cette proposition : que s'ensuivra-t-il ? Dira-t-on, que tout est permis, selon la droite raison, & devant Dieu, à celui qui ne reconnoît point de supérieur ?

La conséquence que l'Auteur tire de ces principes n'est ni moins absurde, ni moins contradictoire. Il prétend qu'avant que les hommes se fussent liés par des conventions, il étoit permis à chacun de faire tout ce que bon lui sembloit contre qui que ce fût. Il ajoute que quoiqu'en ce cas on pût pécher contre la Majesté de Dieu, & les Loix naturelles, on ne commettroit cependant aucune injustice envers un autre homme, parce que l'injustice suppose des Loix humaines.

Tout ceci est faux, & contradictoire. On ne peut regarder comme permis ce qu'on n'a pas droit de faire. On n'a droit de faire que ce qui est conforme à la droite raison. Donc on ne peut regarder comme permis que ce qui est conforme à la droite raison ; or avant toute convention un homme robuste, qui pour s'épargner la peine de faire quatre pas, raviroit à un vieillard infirme quelques fruits qu'il auroit cueillis avec beaucoup de peine, agiroit contre la droite raison, en prenant avec violence un moyen si peu nécessaire pour sa conservation. Il est donc faux que dans l'état de Nature il soit permis (en prenant même ce mot, suivant les définitions de l'Auteur) à tout homme de faire tout ce que bon lui semble à l'égard de tout autre homme.

L'Auteur, dira-t-on, avoue que cet homme pécheroit contre les Loix naturelles ; & il ne prétend autre chose, sinon qu'il ne commettroit pas une injustice à l'égard du vieillard infirme, & qu'il ne lui feroit pas une injure, n'y aiant aucune convention entr'eux.

Foible ressource. Hobbes reconnoît qu'une Loi naturelle, antérieure aux conventions, oblige à garder ce dont on est convenu ; cette Loi naturelle, qui prête la force aux conventions, n'en dérive pas. Ce n'est pas la simple convention, c'est cette Loi naturelle qui donne à un homme le droit d'exiger ce qu'on lui a promis. L'infraction d'une promesse est donc une injure en tant qu'elle s'oppose à cette Loi naturelle, qui donne le droit d'exiger ce qui a été promis. Or la Loi naturelle antérieurement à toute convention, donne à tout homme un véritable droit à sa conservation. Hobbes en convient. Ce qui blesse ce droit, est donc une infraction visible de la Loi naturelle dont il dérive ; c'est donc une injustice, & une injure proprement dite.

3. Hobbes convient que dans l'état de Nature les enfans se trouvent aussi-tôt qu'ils sont nés, sous la puissance de leurs Meres. Mais il n'établit cette dépendance des enfans que sur le pouvoir qu'ont les Meres de les élever, ou de les détruire. Il est étonnant que Hobbes ait pu traiter d'une maniere si séche, & si triste un sujet si propre à exciter les plus tendres émotions dans un cœur sensible. Il forme entre la Mere & son enfant une société, où les liens du sang, la tendresse naturelle, l'affection filiale, l'éducation rélative à la

raison, & aux mœurs, l'ordre de la providence n'entrent pour rien. Le pouvoir de conserver pour son usage, ou de massacrer pour son plaisir, voilà qui fait tout; on diroit que l'Auteur n'a jamais su qu'une Mere aime ses enfans: une Mere de famille n'est à ses yeux qu'une marchande d'esclaves, qui achete des Négrillons sur les Côtes de Guinée.

Si une bienveillance réciproque est l'effet naturel des premieres impressions que l'état de famille reveille dans tous les cœurs; s'il est vrai d'ailleurs que la Nature ait placé dans tous les hommes le sentiment de la pitié, & de la commisération; il n'en faut pas davantage pour dévoiler le foible de la seconde raison, par laquelle Hobbes prétend rapporter l'état de guerre aux premieres impressions de la Nature.

Cette raison n'est autre que la crainte, & la volonté réciproque de se nuire, que l'Auteur attribue à tous les hommes dans l'état de Nature. Nous remarquerons d'abord que l'Auteur présente cette thése sous un faux jour, capable d'éblouir, de pervertir ce qu'elle peut avoir de vrai, & de donner lieu à des conséquences aussi fausses, que dangereuses.

Que la crainte réciproque, & la volonté de nuire dût s'introduire fort aisément dans l'état de Nature; c'est ce que personne ne conteste, si l'on excepte le seul Auteur d'Emile.

Mais il importe extrêmement de déterminer d'où peut venir cette crainte, & cette volonté de nuire. Vient-elle des premieres impressions de la Nature? En ce cas il faudra exclure de l'état de Nature ces sentimens de bienveillance qui lient les époux entr'eux, qui attachent les Peres & les Meres à leurs enfans, & les enfans à leurs Peres & Meres; il faudra bannir de tous les cœurs la pitié, dont l'objet est d'intéresser tout homme en faveur de tout autre homme, & en général tous ces sentimens prévenans d'humanité, qui sont le germe & le fondement de toutes les vertus sociales : il faudra en un mot détruire la Nature de l'homme, & en conservant la même forme, y substituer la Nature du tigre, de cette bête féroce, & indomptée, qui ne distingue ni la main qui la flatte, ni celle qui la frappe, qui s'irrite à la vue de tout être vivant, & ne respire que le carnage, & la destruction. Tel n'est point l'homme. Les premieres impressions qu'il reçoit de la Nature, sont des impressions de bienveillance paternelle, filiale & conjugale, qui tendent manifestement à la paix; si les hommes suivoient constamment ces premieres impressions, le Genre-humain jouiroit inaltérablement de cette concorde, & de cette union que l'on voit régner encore aujourd'hui en tant de familles chez les peuples civilisés, & chez les peuples sauvages.

Malheureusement ces premieres impressions ne subsistent pas toujours. La concurrence des intérêts, la rivalité, la jalousie, mille passions particulieres les altérent, & les défigurent. Telle est la source de cette volonté de nuire, qui ne se manifeste que trop parmi les hommes, par les maux qu'ils se causent.

N'attribuons donc point à la Nature ce qui n'est que l'effet de la perversité accidentelle des individus. Hobbes ne peut s'empêcher de reconnoître que la volonté de nuire ne commence point d'elle-même dans ces hommes modestes, qui reconnoissant l'égalité de Nature, permettent aux autres ce qu'ils se permettent à eux-mêmes. Elle commence dans ces hommes arrogans, qui, fiers de la supériorité qu'ils s'attribuent, pleins de confiance en leurs forces, veulent au préjudice des autres que tout leur soit permis, & que tout leur appartienne. Il est vrai qu'il ajoute, que les hommes modestes ne sont pas exempts de la volonté de nuire par la nécessité de se défendre contre les attentats de ces insolens. Mais premiérement la volonté de se défendre n'est pas absolument la volonté de nuire. En second lieu, quand les hommes modestes auroient la volonté de nuire aux arrogans par la nécessité de se défendre, ils n'auroient point cette volonté entr'eux. En troisieme lieu, la modestie étant fondée, selon Hobbes, sur la connoissance de l'égalité de Nature, connoissance très-naturelle à l'homme, on ne peut contester que la disposition à la modestie ne soit plus conforme aux premieres impressions de la Nature, que l'arrogance, qui est fondée sur un faux jugement, & sur une fausse estimation de ses forces; & comme la volonté de se nuire n'affecte point les hommes modestes, il faut avouer que les premieres lueurs de la raison, qui font connoître l'égalité de Nature entre les hommes, connoissance qui est le fondement de la modestie, tendent par une liaison nécessaire à bannir l'état de guerre, & à maintenir la concorde, & la paix.

Mais les hommes sont extrêmement sujets à ces faux jugemens, qui font éclore l'arrogance, & la témérité. Cette injuste supériorité auroit certainement lieu dans l'état de Nature, elle y seroit même d'autant plus violente, & d'autant plus dangereuse, que l'inégalité du pouvoir physique, dont nous avons dévoilé les sources en cet état, n'y seroit aucunement balancée par l'inégalité du pouvoir politique. En vain

Rousseau (*Disc. de l'ineg. p. 76.*) a prétendu bannir de l'état de Nature toute cause de querelle, & de dissention. Il n'a pu y réussir qu'en supposant que les hommes meneroient en cet état une vie si solitaire, qu'un homme rencontreroit peut-être à peine un autre homme deux fois en sa vie, sans se connoître, & sans se parler. Il ajoute que les hommes n'ayant aucune correspondance entr'eux, ne connoîtroient par conséquent ni la vanité, ni la considération, ni l'estime, ni le mépris. Il ne faut qu'un mot pour confondre ces puérilités; les hommes dans l'état de Nature sont, de l'aveu de l'Auteur, dans une indispensable nécessité d'imiter, & d'observer l'instinct des animaux, (*p. 17.*) de se mesurer avec eux, & d'en faire des comparaisons relativement à la force, & à l'adresse. Donc ils pourront aussi s'observer, & se mesurer entr'eux, comparer leur force, leur adresse, leur agilité. En faut-il davantage pour donner naissance à la vanité, à la considération, à l'estime, au mépris, & à toutes les suites que ces passions, & ces sentimens peuvent avoir dans les hommes, qui ne sont contenus par aucune autorité? Ici se présente un contraste bizarre entre nos deux Philosophes. Tous deux entreprennent de créer l'homme, mais chacun, suivant son caractere, & sa façon de penser. L'un & l'autre le dépouillent également de l'humanité; mais Hobbes en fait un Tigre; Rousseau en fait un Hibou. Concluons que les inclinations générales, & primitives que l'homme apporte en naissant, tendent à la bienveillance, à la concorde, & au bien commun du Genre-humain; puisque le Genre-humain ne subsiste que par la propagation de l'état de famille.

Que ces inclinations générales & primitives sont souvent combattues par les passions particulieres, que mille occasions peuvent faire naître, & qui sément la discorde, & l'inimitié entre les hommes.

Que l'état de guerre, suite inévitable de ces passions particulieres, seroit affreux dans l'état de Nature, où rien ne pourroit en ralentir la fureur, la continuité, l'universalité. Que par conséquent la Nature, & la Raison invitent également les hommes à un ordre, & à une forme de société politique, capable d'arrêter ce débordement, de modérer l'inégalité du pouvoir physique, & d'assurer à tous, & à un chacun les droits acquis par l'égalité de Nature.

Si la Loi naturelle porte tous les hommes à prendre les moyens nécessaires pour se conserver, si cette conservation ne peut jamais être ni longue, ni tranquille, ni assurée dans l'état de Nature; si la Raison invite les hommes à la paix, & à l'exercice des vertus sociales, conformes aux premieres impressions que l'homme apporte en naissant; concluons que la Loi naturelle, & la Raison portent les hommes à une forme de société, sans laquelle ils ne sauroient jouir de ces avantages.

Voyez encore ce bon vieillard, cet ancien Pere de famille, qui maintient la concorde, & la paix dans toutes les familles de ce Canton champêtre, & isolé. Une certaine impression de bon sens, & d'équité, porte tous les habitans à se soumettre à son arbitrage, & à ses décisions : l'autorité dont il jouit n'est fondée que sur cette soumission de fait, & personne ne songe à la lui contester. Voilà une premiere ébauche de la société politique ; un simple consentement tacite dans l'état de Nature, suffiroit pour la rendre réguliere, & parfaite. Tel a été originairement en quelque cas le passage naturel, & insensible de l'état de famille à l'état de société civile.

DISCOURS IV.

L'homme auroit-il dans l'état de Nature les notions morales du Juste, & de l'Injuste?

L'Auteur d'Emile prétend que dans l'état de Nature les hommes n'avoient pas la moindre notion du mien, (*p. 76.*) & du tien, ni aucune véritable idée de la justice; qu'ils regardoient les violences qu'ils pouvoient essuyer de la part des autres, comme un mal, & non comme injure : qu'ils n'étoient ni bons, ni méchans, & n'avoient ni vices, ni vertus. (*p. 63.*)

D'un côté rien de plus inutile que de discuter ce qui pouvoit arriver, ou ne pas arriver dans un état qui n'existe nulle part, & qui n'a peut-être jamais existé d'une maniere permanente en aucun coin de l'Univers. De l'autre il est utile de faire voir que l'idée morale du juste, & de l'injuste, est telle lement à la portée de l'esprit humain, qu'il n'est aucun état sur la terre où l'homme en puisse être entiérement dépourvu. C'est-ce sous ce point de vue que j'entame la question.

Je ne me propose pas ici d'établir les fondemens de la distinction du juste, & de l'injuste, mais seulement de faire voir que la moindre réflexion sur les accidens les plus communs de la vie, est plus que suffisante pour reveiller cette idée dans l'esprit de tous les hommes, & les mettre en état d'en faire l'application du moins au cas les plus simples.

Je me servirai pour cet effet de quelques principes de l'Auteur (*p*. 30.)

1. Ce n'est pas par le simple instinct que l'homme est déterminé à ses opérations comme les animaux ; mais il se détermine lui-même, & choisit, ou rejette par un acte libre.

2. L'homme qui se détermine de son choix à une action, est auteur de son action, il en est responsable, & elle lui est imputable en bien, ou en mal. Rien de plus évident que ce

principe, d'où dérive l'idée de la moralité.

3. L'homme le plus sauvage est capable de sentir le bien, ou le mal qu'on lui fait.

Faisons l'application de ces principes à quelque cas très-possible dans l'état de Nature. Un vieillard infirme emporte un liévre qu'il a eu le bonheur d'attraper dans un piége. Un jeune Chasseur le rencontre sur son chemin, jette les yeux sur le liévre, & le trouvant à sa bienséance étend la main pour le prendre. Le vieillard retire sa proie, le jeune homme irrité de sa résistance le frappe, le jette par terre, & lui arrache son liévre. Survient un autre sauvage plus robuste encore, qui voyant le vieillard étendu par terre, & noyé dans ses pleurs, le releve, le console, réprend le liévre des mains du ravisseur, & le rend au vieillard éploré. Plaçons à quelque pas de-là un spectateur, qui, sans connoître les trois hommes, ni être connu d'eux, ait été par hazard témoin de la double scene qui s'est passée sous ses yeux.

Ce spectateur a vu le mal que le Chasseur a causé au vieillard en le frappant, & lui arrachant ce qu'il avoit pris pour sa subsistance.

Il a vu que le Chasseur s'est déterminé par un choix volontaire, & de propos délibéré à cette action. Ou pour mieux dire, il sait par sa propre expérience que c'est ainsi que les hommes se déterminent aux actions qu'ils font.

Il sent par conséquent que le mal, que le vieillard a reçu, est imputable au Chasseur, comme à celui qui en a été l'auteur par un acte libre de sa volonté.

Il sent que le Chasseur a violé par cette action le droit que chaque homme s'attribue dans l'état de Nature, de retenir ce qu'il a pris, & ce qui lui est nécessaire pour sa subsistance, & qu'ainsi le Chasseur a fait au vieillard ce que personne ne voudroit qu'on lui fît à lui-même.

Il plaint l'infortune du malheureux, & sent la plus vive indignation contre le procédé de l'agresseur.

Or une action, par laquelle on cause du mal à autrui, en le frappant & le dépouillant d'une chose qu'il a droit de retenir ; une action, par laquelle on cause ce mal volontairement, & de propos délibéré, & qui excite la plus vive indignation dans le spectateur le plus indifférent, est ce qu'on appelle une action injuste, une injure proprement dite. Il faut peut-être un peu de philosophie pour démêler ces idées, il n'en faut point pour les sentir.

D'un autre côté l'empressement secourable de l'autre sauvage à relever le vieillard abattu, à le consoler dans sa disgrace, & à lui faire rendre ce qui lui appartenoit, n'a pu qu'exciter dans le cœur du spectateur une douce émotion de complaisance, & de satisfaction.

Le procédé du sauvage ravisseur, & celui du sauvage bienfaisant, sont faits pour produire dans tous les esprits des sentimens non moins différens que le sont les sensations du chaud, & du froid que l'on éprouve à l'approche du feu, & par le contact de la glace.

Le sauvage ravisseur est abhorré, il viole un droit que chacun sent lui appartenir, il traite les autres comme personne ne veut être traité, il devient ainsi l'ennemi de l'humanité. Sa conduite est manifestement contraire à cette pitié que la Nature a inspiré à tous les hommes. Voilà l'homme injuste.

Le sauvage bienfaisant essuie les pleurs d'un malheureux, il compatit à sa misere ; son procédé est parfaitement conforme à cette commisération, qui nous identifie avec tous nos semblables ; il agit envers autrui, comme chacun voudroit qu'on agit envers lui. C'est un ami de l'humanité. Quel est le sauvage qui puisse méconnoître la différence de ces deux caracteres, & qui puisse par conséquent ne pas sentir l'impression du juste, & de l'injuste ?

Le sauvage ravisseur a fait un acte injuste, en dépouillant le vieillard de sa subsistance. L'autre a fait un acte de justice en la faisant rendre. C'est-ce que marque l'horreur qu'inspire l'action du premier, & l'approbation que l'acte du second s'est attirée : point de sauvage si agreste qui puisse juger autrement. Il reconnoit donc que la proie appartenoit au premier possesseur, & non au second. Voilà l'idée de la propriété, du mien, & du tien, très-nettement établie.

En un mot, l'homme ne peut que sentir la différence du bien, & du mal qu'il fait, ou qu'il reçoit, & comme agent libre il ne peut s'empêcher de reconnoître que ce bien, ou ce mal est imputable à celui qui le cause volontairement. Voilà l'idée, & le fondement de la moralité. Ainsi l'homme le plus sauvage peut avoir la notion du bien, & du mal moral, & des premiers devoirs moraux, qui lient les hommes entr'eux.

Ces idées sont si peu abstruses qu'elles se trouvent communément dans les enfans. Voyez cette troupe d'enfans, qui s'amusent au tour de cette masse de terre-glaise; ils en tirent des morceaux que chacun façonne à son gré, chacun se regarde comme le maître du petit ouvrage qu'il a formé : si un de ses camarades veut le lui arracher, tous les autres lui donneront tort. Que l'on propose un prix pour une course, ou tout autre exercice que ce soit, les enfans connoîtront fort bien celui qui a mérité le prix : qu'on le donne à un autre, tous se récriéront sur l'injustice ; ce cri n'est pas un simple effet des leçons qu'ils ont reçues.

Que signifie donc cette phrase énigmatique de l'Auteur d'Emile, que les sauvages ne sont pas méchans, (*p.* 67.) précisément parce qu'ils ne savent pas ce que c'est qu'être bons ? Veut-il parler des sauvages qui existent dans la Nature, ou des sauvages qui n'existent que dans ses Livres ? S'il parle des premiers, sa proposition est contrédite par les faits. Les sauvages que nous connoissons, savent être bons, & méchans. Généralement ils sont doux avec leurs amis, cruels envers leurs ennemis. S'il parle des sauvages de sa création, sa proposition est contrédite par ses propres principes. Le sentiment de la pitié est très-vif dans les sauvages ; mais le seul sentiment de la pitié ne suffit pas pour déterminer l'homme à secourir un malheureux. Il faut qu'il y concoure par un acte libre de sa volonté ; l'homme, qui par le choix de sa volonté, seconde le mouvement naturel de la pitié est un homme bon : celui qui s'y refuse est méchant. Il n'y a point là de mystere, il ne faut qu'un peu d'analyse pour faire disparoître la magie séduisante de ces phrases pompeuses, qui remplissent l'oreille, étonnent l'imagination, & ne disent rien à l'esprit.

L'Auteur ne se borne pas à faire des énigmes. (*p.* 75.) Le voici créateur d'un nouvel axiome de morale, qui en blessant la raison ne peut que révolter tout homme qui conserve encore quelque reste de Christianisme. „ C'est la pitié, dit-il *p.* 75., qui au
„ lieu de cette maxime sublime de mo-
„ rale raisonnée : *Fais à autrui comme*
„ *tu veux qu'on te fasse*, inspire à tous
„ les hommes cette autre maxime de
„ bonté naturelle, bien moins parfaite,
„ mais plus utile peut-être que la pré-
„ cedente : *Fais ton bien avec le moin-*
„ *dre mal d'autrui qu'il est possible.* "

Le nouveau Moraliste avoit sans doute

oublié que la Maxime auſſi ſimple que ſublime : *Fais à autrui comme tu veux qu'on te faſſe*, a été conſacrée par la bouche même du Sauveur des humains : ſans un tel oubli peut-on ſuppoſer qu'un mortel oſât ſubſtituer ſes maximes aux Oracles de la Sageſſe Eternelle, & les propoſer comme étant peut-être plus utiles ? L'idée ſeule d'un ſi exécrable blaſpheme n'auroit pu ſe préſenter à ſon eſprit, ſans le glacer d'effroi, & lui faire tomber la plume des mains. Mais je ne veux point employer ici contre l'Auteur les principes de la Religion, je ne veux lui oppoſer que ſes propres diſcours, & ce ſont ſes diſcours mêmes qui vont le confondre.

La Maxime Evangelique : *Fais a autrui ce que tu veux qu'on te faſſe*, eſt l'expreſſion la plus naïve de la pitié naturelle. La nouvelle Maxime : *Fais ton bien avec le moindre mal d'autrui qu'il eſt poſſible*, eſt le langage non de la bonté naturelle, mais d'une juſtice fauſſement raiſonnée.

Oui, l'effet naturel, inſéparable de la pitié, eſt d'identifier tout homme avec tout autre homme; (*p. 72.*) l'effet propre de cette identification, est de se mettre à la place de celui qui souffre. Celui qui souffre veut qu'on le secoure : celui qui s'identifie avec son semblable, veut ainsi qu'on lui fasse ce qu'il voudroit qu'on lui fît à lui-même. C'est donc la pitié même qui parle, en disant : *Fais à autrui ce que tu veux qu'on te fasse.*

Mais la bonté naturelle ne dit point à l'homme : *Fais ton bien avec le moindre mal d'autrui qu'il est possible* ; premiérement, la bonté est un sentiment qui porte l'homme à s'identifier avec son prochain. Or la nouvelle Maxime ne porte point l'empreinte de cette identification, elle réplie l'homme sur lui-même : *Fais ton bien*, & ne jette qu'un coup d'œil très-indirect sur le reste, *avec le moindre mal d'autrui qu'il est possible*, ce n'est là ni l'objet, ni le langage de la bonté : il ne faut pas un grand effort de bonté pour ne pas faire beaucoup de mal aux autres, pourvu qu'on fasse son bien à son aise.

Secondement, si cette Maxime venoit de la Nature, il faudroit dire que le Genre-humain est tellement constitué, que par la Loi de Nature un homme ne pourroit se procurer sa subsistance, & son bien qu'en causant quelque dommage aux autres. Car les penchans que la Nature met dans les êtres sont parfaitement assortis aux fonctions, auxquelles ils sont destinés, par l'ordre même, & la Loi de la Nature. Par-là il est aisé de concevoir que la nouvelle Maxime seroit celle que la Nature inspireroit aux loups, relativement aux brebis ; si les loups & les brebis avoient de la raison : Loups, vous ne pouvez vivre sans tuer des brebis, tuez-en donc pour votre besoin, mais n'en tuez que ce qu'il vous faut, & le moins qu'il vous est possible. Il n'en est pas ainsi de l'homme, relativement à l'homme. Habitans de la terre les hommes trouvent dans sa fécondité tout ce qui leur est nécessaire pour leur subsistance. Doués d'intelligence, & de raison les hommes sont faits pour vivre ensemble. Sous ce double rapport la Nature leur inspire deux Maximes, qui renferment toutes les vertus sociales, qui forment la législation la plus univerſelle, & la plus complete, & dont l'exacte obſervation feroit le bonheur du Genre-humain. *Ne faites pas à autrui ce que vous ne voudriez pas que l'on vous fît. Faites à autrui ce que vous voudriez que l'on vous fît.* Fidele à la premiere Maxime, tout homme s'abſtiendra d'attenter à la vie, à la ſubſiſtance, au légitime exercice de la liberté de tout autre homme. Fideles à la ſeconde Maxime, les hommes ſe prêteront une main ſecourable dans leurs beſoins ; ces ſecours réfléchis, & multipliés produiront pour tous un fond inépuiſable d'avantages, & de reſſources, & chacun fera réellement ſon propre bien, en travaillant efficacement aux biens des autres. Telle ſeroit la ſociété, ſi les hommes ſuivoient les premieres impreſſions de la Nature. Les paſſions particulieres ne tardent pas à en troubler l'ordre, & la paix. Le pareſſeux trouve plus commode de ravir à ſon voiſin la ſubſiſtance qu'il ne veut pas ſe procurer par son travail. L'injuste aime à faire parade de sa force en opprimant le plus foible. Pour se mettre à couvert de ces insultes la raison dicte cette autre Maxime, qu'il est permis d'user de la force pour repousser la violence d'un injuste agresseur, en usant de cette force avec modération, & autant qu'il est nécessaire pour écarter l'injure, & pourvoir convenablement à sa propre sûreté. Cette Maxime de justice raisonnée ne permet pas de nuire au prochain dans la vue de faire son bien, avec la précaution seulement de ne pas faire plus de mal qu'il n'en faut pour se procurer l'avantage qu'on souhaite, elle permet seulement de se défendre contre une attaque injuste, dont l'agresseur peut toujours se désister. Ainsi la Nature & la Raison tendent toujours au bien, & jamais au mal.

Ces idées si conformes au bon sens ne sont pas celles d'un homme qui a d'autant d'esprit que l'Auteur d'Emile. Mais cet Auteur en combattant le principe de Hobbes, & donnant à son ordinaire dans l'excès opposé, prétend que l'état de Nature est un état de paix inaltérable, parce qu'en cet état les hommes n'ont que très-peu de besoins, qu'ils ont toujours sous la main de quoi les satisfaire, & que la simplicité de leur vie uniforme, & solitaire n'est point faite pour exciter ces passions vives, & tumultueuses, qui portent le trouble, & la guerre chez les peuples civilisés. Dans une telle situation il est clair que chaque homme fait son bien, sans être jamais dans le cas de faire du mal à ses semblables. L'homme naturel se rassasie sous un chêne, se désaltere au premier ruisseau, trouve son lit au pied du même arbre qui lui a fourni son repas, & voilà ses besoins satisfaits. Or cet état est selon l'Auteur, celui dans lequel l'homme se trouve placé par l'institution même de la Nature. D'où il suit que suivant le plan, & l'ordre de la Nature, le Genre-humain est tellement constitué, que chaque homme est dans le cas de faire son bien, sans causer le moindre mal aux autres. Il est donc contradictoire que la Nature inspire aux hommes une maxime, qui supposeroit que l'homme, sortant de sa main, ne put faire son bien qu'en causant quelque mal aux autres.

Revenons aux anciennes Maximes, *ne pas faire à autrui ce que nous ne voudrions pas qui nous fut fait: Faire à autrui ce que nous voudrions qu'on nous fit.* Ces Maximes sont senties de tout le monde. Interrogez le Caffre, & le Lapon, le Chinois, & le Méxicain, l'Européen, & le Caribe; leur réponse sera la même sans être concertée: tous les hommes ont donc l'idée de la différence morale du juste, & de l'injuste. Or ce que l'on trouve dans le cœur de tous les hommes, vient de la Nature, qui est commune à tous, & non de l'éducation qui varie suivant les lieux, & les tems.

Telle est, dit avec raison l'Auteur d'Emile, (*p.* 71.) la force de la pitié naturelle que les mœurs les plus dépravées ont encore peine à la détruire; puisqu'on voit tous les jours dans nos spectacles s'attendrir, & pleurer aux malheurs d'un infortuné, tel, qui, s'il étoit

étoit à la place du tyran aggraveroit encore les tourmens de son ennemi. On en peut dire autant de l'impression que fait dans les spectacles le contraste du vice, & de la vertu sur les ames les plus corrompues. L'homme vertueux intéresse & se fait aimer; le méchant, & le vicieux révoltent, & n'inspirent que de l'horreur, & du mépris. Dans le commerce de la vie le méchant ne voudroit ni se fier, ni avoir à faire à un homme qu'il sauroit être aussi méchant que lui. Deux perfides, deux traitres qui se connoissent bien, peuvent se lier pour quelque intérêt commun: mais à coup sûr ils ne s'aimeront, ni ne s'estimeront.

Le caractere de l'honnête homme, & celui du fripon n'excitent pas les mêmes sentimens dans ceux qui les connoissent. On approuve le premier, on l'aime, on le respecte: On blâme le second, on le haït, on le méprise. Il ne nous est pas libre de les envisager autrement. La différence du juste, & de l'injuste se manifeste donc par la différente maniere dont l'un & l'autre nous affecte. Le juste se fait approuver ; l'injuste se fait blâmer malgré que nous en aions. Nous appellons moralement bon ce que nous connoissons digne d'approbation ; nous appellons moralement mauvais ce que nous connoissons digne de blâme. Ces idées sont naturelles, & ne peuvent être étrangeres à l'esprit humain.

DISCOURS V.

Y a-t-il des Devoirs Moraux?

CES idées de moralité, ne seroient-elles qu'une des illusions du Genre-humain? Y a-t-il réellement une régle, par laquelle on puisse distinguer ce qui est moralement bon, d'avec ce qui est moralement mauvais; ou plutôt cette distinction peut-elle avoir lieu surtout dans l'état de Nature?

Gardez-vous bien de croire qu'il y ait rien de tel, disent quelques Philosophes; l'homme s'aime par nécessité de Nature, & n'aime que soi, c'est-à-dire, son plaisir, & son bien être; c'est ce plaisir, c'est ce bien être qu'il veut insurmontablement, & invariablement dans tout ce qu'il cherche, dans tout ce qu'il aime, dans tout ce qu'il fait. L'amour de soi-même est donc le mobile, & la régle nécessaire de toutes les déterminations de l'homme. Il ne peut rien faire que pour son intérêt, c'est-à-dire, pour son plaisir, quel qu'il puisse être. Chaque individu étant seul juge de son plaisir, & de sa propre satisfaction, tout ce qu'il fait est juste par rapport à lui, puisqu'agissant pour son plaisir il agit conformément à la régle que la Nature lui a donnée pour agir. Qu'un homme réponde par ses caresses aux caresses d'un enfant qui lui sourit; qu'un autre l'étrangle & le mange à belles dents, ces deux actions montrent à la vérité des caracteres plus ou moins compatissans; mais toutes différentes qu'elles sont, elles ne laissent pas que d'être également justes; c'est pour son plaisir que le premier caresse cet enfant; c'est pour son plaisir que l'autre le mange, ils font tous deux ce qui est conforme à leur bien être, & qui leur est avantageux; tous deux ils suivent la régle de la Nature, ils s'aiment dans ce qu'ils font, & le premier ne mérite pas plus d'être loué, que le second n'est digne d'être blâmé.

 Je tâcherai donc de faire voir,
1. Qu'il y a une distinction à faire entre

le mobile, & la régle des actions humaines.

2. Qu'outre l'amour naturel de nous-mêmes, il est une régle des actions humaines, en vertu de laquelle certaines actions sont moralement bonnes, honnêtes, dignes d'approbation, & de louange; & d'autres sont moralement mauvaises, vicieuses, dignes de blâme, & de mépris.

3. Que cette régle des actions humaines ne s'oppose point à l'amour de nous-mêmes.

4. Par quel moyen on peut concilier parfaitement l'assujettissement à la régle avec cet amour naturel.

Je dis donc premiérement, que l'amour de nous-mêmes, c'est-à-dire, l'amour de notre bien être, & de notre félicité est un amour naturel, & invincible. Tout homme veut être heureux; nul homme qui puisse vouloir être malheureux. Cet amour de la félicité est le principe de toutes nos élections, de toutes nos volontés, de toutes nos déterminations: c'est toujours l'amour de la félicité qui nous porte à vouloir tout ce que nous voulons. Mais quoique l'amour de nous-mêmes soit le principe & le mobile de toutes nos actions, il n'en est pas la régle. Je vais d'abord rendre cette différence sensible par un exemple particulier.

Tous les hommes désirent jouir d'une bonne santé, ce désir est le principe & le mobile de tout ce qu'on fait, en vue de la santé ; mais il n'en est pas proprement la régle : aussi le désir est commun à tous, la régle est différente pour plusieurs. Le désir tend au terme; la régle prescrit les moyens pour y arriver. Le désir fait entreprendre ; la régle montre ce que l'on doit entreprendre. Le premier donne les forces pour marcher ; la seconde dirige, & détermine les pas. Le désir est une suite de *l'appetition* ; la régle est un résultat des connoissances.

Si l'homme étoit un être purement sensitif, uniquement déterminé par les impressions du plaisir, & de la douleur qui l'affectent, alors les sensations agréables, & désagréables détermineroient nécessairement l'homme à s'approcher, ou à s'éloigner des objets, qui exciteroient ces sensations. Le principe, & la régle de l'action se confondroient, ou ne laisseroient lieu qu'à une distinction métaphysique. C'est ainsi que de l'aveu de l'Auteur d'Emile (*p. 30.*) la Nature seule fait tout dans les opérations de la bête. Mais l'homme n'est pas un être purement sensitif, il est de plus doué d'intelligence, & de raison, & cet état d'intelligence, & de raison exige une régle proportionnée, supérieure à celle qui convient à un être purement sensitif.

Tout homme désire une bonne santé ; c'est l'amour de lui-même qui lui inspire ce désir, mais cet amour ne lui fait pas connoître les moyens nécessaires pour la conserver, ou la rétablir. L'expérience, & la réflexion peuvent lui apprendre ces moyens. S'il a le bonheur de rencontrer la vérité, la régle sera juste, & le choix des moyens, conforme à cette régle, le conduira au but qu'il se propose ; s'il se trompe, la régle sera fausse, &

tout ce qu'il fera, conformément à cette régle, dans la vue de jouir d'une bonne santé, ne servira qu'à l'éloigner du bien qu'il veut se procurer. Dans l'un & l'autre cas c'est toujours le désir de la santé qui le meut; mais dans le premier cas le principe de l'action est déterminé par une régle, qui conduit au but; dans le second cas le principe de l'action est détourné par une régle trompeuse qui l'en écarte. Le principe, & la régle de l'action dans l'homme, sont donc des choses très-différentes; le premier est du ressort de l'appetition; la seconde est du ressort de la raison. Ainsi quoique l'amour du bien être, & de la félicité soit le principe de toutes nos actions, l'homme a cependant besoin d'une régle déduite de la raison, pour l'éclairer sur l'objet de cette félicité, & sur les moyens d'y parvenir. Faute de cette régle, l'homme se précipitera dans les plus grands malheurs, en courant témérairement après le bien être. Les Epicuriens même ne nient pas que l'homme n'ait besoin d'une régle tirée de la raison, pour diriger l'amour du bien être. Cette régle, selon eux, sert à discerner les actions utiles de celles qui ne le sont pas, mais non à établir une différence morale entre les actions. C'est cette régle de moralité que nous nous proposons d'établir. Mais avant que d'entrer en matiere, nous avons cru devoir présenter le plus nettement qu'il nous a été possible, la différence qu'il y a entre le principe mouvant, & la régle des actions humaines. Il est aisé d'observer que la plupart de ceux qui nient toute différence morale entre les actions des hommes, ne s'embrouillent dans leurs idées, que parce qu'ils perdent de vue la distinction qu'il faut faire entre le mobile, & la régle de nos actions, & que confondant ainsi la régle avec le principe, ils ne jugent des actions que par ce pouvoir qu'elles ont de contribuer au bien être, ou au mesaize, par l'impression agréable, ou désagréable dont elles nous affectent.

Je dis donc que la droite raison est une régle de moralité, qui établit une différence réelle entre les actions qui lui sont conformes, & celles qui lui sont contraires, en sorte que les unes sont moralement bonnes, les autres moralement mauvaises.

On dira d'abord que ce mot de droite raison, n'est qu'un terme vague, que le vulgaire adopte sur un sentiment confus, & qui ne présente aucune idée distincte. Je vais tâcher de l'éclaircir.

L'homme en tant que doué d'intelligence, & de raison, est fait pour connoître le vrai, quoique par la limitation de ses facultés il soit sujet à se tromper. J'appelle donc droite raison celle, par laquelle l'homme discerne le vrai du faux.

Il y a des vérites de spéculation, & des vérités de pratique. Quand je dis, que la ligne droite est la plus courte que l'on puisse tirer d'un point à un autre point; c'est une vérité de spéculation. Je connois ce qui est, & rien de plus; l'acquiéscement que mon esprit donne à cette vérité est un simple acte d'affirmation, par lequel je me dis à moi-même que la chose est ainsi que je la conçois.

Quand je dis, que pour mesurer l'éloignement de deux points, il faut se servir de la ligne droite; c'est une vérité de pratique. L'acquiescement que je donne à cette vérité a un double rapport, l'un à la vérité de spéculation, dont je la déduis; l'autre à l'usage auquel je l'applique.

L'acquiescement que j'y donne n'est pas un simple acte d'affirmation, il renferme encore un acte d'approbation. En mesurant la distance de deux points, par le moyen d'une ligne droite, je ne dis pas seulement que la chose est ce qu'elle est, ce qui ne seroit qu'un simple acte d'affirmation; je vois encore qu'elle est comme elle doit être, ce qui renferme un acte d'approbation.

Il y a donc cette différence entre une vérité de spéculation, & une vérité de pratique; que la premiere est un simple objet d'affirmation; la seconde est un objet d'approbation; la chose est comme elle doit être.

De là je tire une définition, & un caractere de la régle, en tant qu'elle est applicable aux actions humaines.

La régle est une vérité pratique, déduite d'une vérité de spéculation, propre à déterminer une action, ou la maniere d'une action, convenablement à la fin que l'on se propose. D'où se tire un caractere distinctif de toute action, conforme à la régle, en ce que par sa conformité à la régle, elle devient un objet d'approbation.

L'homme n'est pas le maître de se donner son bien être par le simple empire de ses désirs, & de sa volonté. Ses besoins, ses inclinations, ses facultés le lient, & l'assujettissent à tous les objets qui l'environnent, & c'est de l'ensemble de ces relations que résultent les maximes pratiques, qui doivent le diriger dans toute la conduite de la vie. On peut déduire de cette vérité incontestable de spéculation plusieurs vérités pratiques. 1. Que l'homme doit s'appliquer à cultiver sa raison, autant qu'il est nécessaire, pour acquérir les connoissances qui doivent lui servir de régle, conformément à sa destination; qu'il doit réprimer, ou modérer l'ardeur des passions dont l'effet est de troubler l'usage de la raison. Tel est le fondement de la prudence, la premiere des vertus dans l'ordre moral, aussi-bien que de la force, & de la modération, qui en sont les soutiens.

L'homme ne peut faire un usage convenable de la raison, sans reconnoître dans tout ce qui s'offre à ses regards les effets marqués de la Sagesse, de la Puissance, & de la Bonté de l'Etre Suprême, dont la Providence gouverne l'Univers. Ce n'est pas ici le lieu de démontrer cette vérité, qui ne sauroit être méconnue de tout homme, qui ne veut pas fermer les yeux à la lumiere. L'homme doit donc à cet Etre Suprême un culte d'adoration, d'actions de graces, de crainte, d'amour, & d'obéissance : ces sentimens que la connoissance de Dieu tend à inspirer, doivent porter tous les hommes, & les attacher inviolablement à la véritable Religion, seule dépositaire des Oracles de la Divinité.

Nous avons vu que la Nature a donné aux hommes des inclinations,

& des facultés, qui tendent à la Société, l'affection conjugale, l'amour paternel, la tendresse filiale, la commisération, qui s'étend à tous, la bienveillance, qui en est le principe, ou la suite, dont le germe est dans tous les cœurs, mais qui ne pousse, & ne se déploie que dans les belles ames. Ce n'est pas donc seulement par la nécessité de pourvoir aux besoins de la vie animale que la Nature a cherché de rapprocher les hommes ; elle a voulu ennoblir ce Commerce d'intérêt, s'il est permis de parler ainsi, par des vues plus rélevées, en les unissant par les liens de l'amitié, & par des bienfaits réciproques, dont les Etres intelligents sont capables de sentir le mérite, & le prix. Nous concevons donc qu'il est digne de l'homme de cultiver ses inclinations sociales, que ceux qui suivent la droite raison, ne peuvent que s'y conformer ; & que ceux qui s'en écartent, agissent contre les premieres impressions de la Nature, pour se livrer à des passions particulieres, désavouées par la raison. Chacun a reçu de la Nature un droit proprement dit à sa conservation, à sa défense, au libre exercice de ses facultés; nous concevons que les hommes peuvent s'aider, ou se nuire dans l'exercice de ce droit; qu'en s'aidant mutuellement il en résultera un plus grand bien pour chacun d'eux; qu'en tâchant de se nuire, ils ne réussiront que trop à se causer du mal, & à se détruire. L'ordre, la paix, la conservation, est une suite du premier état. Le trouble, la guerre, la destruction, est une suite du second. La droite raison dicte que l'un est préférable à l'autre, & par conséquent la droite raison ne peut qu'approuver toutes les maximes propres à resserrer les nœuds de ces inclinations sociales, qui tendent à établir l'ordre, & la paix entre les hommes. Tels sont les fondemens de l'équité, de la justice, de la bienfaisance, de la fidélité.

Nous concevons aussi que ceux qui par l'exercice des inclinations sociales, concourent au bien des autres hommes, au maintien de l'ordre, & de la paix, méritent l'estime, & la considération, la reconnoissance de leurs semblables. Car si la droite raison approuve l'ordre, & la paix, elle ne peut qu'approuver les actions de ceux qui s'y conforment, & nous ne pouvons refuser notre estime à ce que notre raison même approuve. Ainsi tout homme qui voudra suivre l'impression de la raison, ne pourra que concevoir de l'estime, & de l'affection pour celui qui soulage un malheureux ; de l'horreur, & de l'aversion pour celui qui l'écrase.

Or, ce jugement que la droite raison nous fait porter des actions d'autrui, elle nous le dicte pour nos propres actions, malgré que nous en aions. Celui, qui pour un vil intérêt a trahi son bienfaiteur, & son ami, sentira malgré lui qu'il a commis une mauvaise action ; en vain entreprend-il de s'excuser à ses yeux, sa raison le reprouve, & le condamne ; si on s'avisoit de le louer sur cette action, son coeur même démentiroit des éloges dictés par la flatterie.

En vain cherche-t-il à étouffer un souvenir odieux, qui l'importune, & qui

qui l'afflige, sa conscience le lui rappelle à chaque instant, & s'il vouloit parler sincérement, il avoueroit qu'il n'est point de situation plus cruelle que celle d'un homme qui est forcé de se mésestimer.

Celui au contraire qui s'intéresse au sort d'un ami malheureux, & le soulage, sentira que son action est conforme aux lumieres de la raison. Il ne peut qu'approuver ce qu'il vient de faire, il s'estime, & se réjouit de l'avoir faite.

Ces maximes qui dirigent l'homme, non en tant qu'il est Laboureur, Peintre, ou Artisan, mais en tant qu'il est homme, & dans les rapports qu'il a avec Dieu, avec soi-même, & avec les autres hommes, sont donc des régles convenables à la Nature de l'homme, c'est-à-dire, propres à diriger les inclinations, & les facultés dont il est doué, de maniere que sa conduite s'accorde avec la droite raison qui préside en lui.

Par la conformité de sa conduite à cette régle, l'homme en tant qu'homme se rend digne d'approbation, d'estime, & de louange; par une conduite contraire l'homme devient répréhensible en sa qualité d'homme. C'est ce qui constitue les bonnes, & mauvaises mœurs. La droite raison est donc une régle de moralité, par laquelle on distingue les actions moralement bonnes des actions moralement mauvaises. Il y a donc des devoirs moraux déterminés par la droite raison. Le Discours suivant répandra un plus grand jour sur cette matiere.

DISCOURS VI.

La Régle de la moralité peut-elle s'accorder avec l'amour de soi-même ?

C'EST une vérité de spéculation que l'ordre, & la paix sont plus avantageux à tout le Genre-humain, que la guerre, & le désordre. C'est une vérité de pratique qu'il convient à tout le Genre-humain de préférer la paix à la guerre, l'ordre au désordre. Cette vérité pratique est légitimement déduite de la vérité de spéculation, qui lui sert de fondement ; c'est donc une maxime de la droite raison, en tant qu'elle est commune à tous les hommes, que l'ordre est préférable au désordre, & cette maxime en tant qu'appliquée aux actions humaines, devient une régle de moralité, fondée sur une vérité, à laquelle l'esprit humain ne peut se soustraire, s'il ne cesse d'être raisonnable.

Mais, dira quelqu'un, si je puis faire mon avantage particulier aux dépens du Genre-humain, pourquoi épargnerai-je le Genre-humain? Puis-je aimer le Genre-humain plus que moi? Je suivrai donc la maxime que l'Auteur d'Emile croit peut-être plus utile que celle de l'Evangile; je ferai mon bien avec le moindre mal du Genre-humain que je pourrai, pourvu que mon bien n'en souffre pas; mais que je sacrifie la moindre portion de mon bien, pour l'amour du Genre-humain, c'est trop éxiger de moi, c'est vouloir que je n'aime pas mon bien, tandis que par l'amour de moi-même que la Nature m'a inspiré, je suis nécessité à vouloir mon bien, & ne puis rien vouloir qu'en vue de mon bien.

Il est vrai que l'homme ne peut renoncer à l'amour de soi-même, à l'amour de son bien être, & de sa félicité. Mais je dis que sans renoncer à l'amour de son bien être, l'homme peut préférer le bien moral qu'il fait, en conservant le Genre-humain à l'intérêt particulier qu'il trouveroit à le détruire.

On ne peut aimer que ce qui plaît. Car l'amour n'est en quelque sorte que la tendance, ou l'acquiescement de l'ame à ce qui plaît. Mais un objet peut plaire de différentes manieres, & c'est ce qu'il importe de remarquer.

En qualité d'être sensitif, l'homme éprouve les sentimens du plaisir, & de la douleur, & en général des sensations agréables, ou désagréables par l'impression des objets sur les organes des sens. Un froid âpre cause de la douleur, une chaleur modérée fait plaisir. C'est par cette voie que nous recevons dans l'enfance les premieres notions du bien, & du mal physique.

Lorsque la réflexion se joint à la sensation, l'homme commence à discerner des objets, qui n'ont pas le pouvoir par eux-mêmes d'affecter l'ame d'aucun sentiment agréable, mais dont on peut se servir comme de moyens pour se procurer le bien que l'on désire. On aime ces objets non pour eux-mêmes, mais à cause de leur utilité, ainsi l'homme apprend à se priver d'un plaisir, ou même à souffrir un mal présent, dans la vue d'éviter un plus grand mal, ou de se procurer un plus grand bien pour l'avenir.

En tant que doué d'intelligence, l'homme est susceptible d'un sentiment plus délicat, qui le rend sensible aux attraits de l'ordre, de la régularité, de la symétrie, & de la perfection qu'il découvre dans les objets. J'ai tâché d'établir dans un autre Ouvrage les principes de cette sensibilité sur des notions précises, & déterminées, par lesquelles j'ai lieu de croire qu'on peut répondre à toutes les difficultés que l'on a coutume de proposer sur cette matiere.

Je me contente d'en appeller ici au témoignage universel du Genre-humain. Point d'homme, point de peuple sur la terre, qui ne montre quelque sensibilité pour l'ordre, la symétrie, la régularité.

Les Sauvages les plus agrestes ont aussi-bien que les Nations les plus civilisées leur musique, leurs danses, leurs parures; il y a sans doute de la différence dans le gout, mais c'est un même principe de sensibilité pour l'ordre, & la régularité, qui les porte aussi-bien que nous, à mettre une sorte d'accord, d'ordre, & de régularité dans leur chant, dans leurs sauts, dans leurs meubles, & dans leurs habillemens. Il faut aussi remarquer que quoique le principe de cette sensibilité soit toujours le même, elle ne peut cependant que varier dans l'application, suivant le plus, ou le moins d'intelligence des différents individus. Car de même que l'ébranlement des nerfs est le moyen, par lequel un objet extérieur, tel que le feu produit l'impression de la chaleur dans l'ame, en tant que sensitive; ainsi la connoissance est le moyen, par lequel l'ordre, la régularité, la symétrie des objets pénetre l'ame, & l'affecte en tant que principe intelligent. Qu'on montre la pendule d'Harisson, ou de Le Roi à un Sauvage ignorant, il n'y appercevra qu'un amas confus de piéces, sans ordre, sans régularité : Qu'on la fasse voir à un homme instruit, il ne pourra se lasser d'admirer la juste combinaison des parties, & l'ordre qui résulte de leur rapport à l'objet que l'artiste s'est proposé. L'un est froid, l'autre est extasié: Est-ce que le principe de la sensibilité à l'ordre est différent dans ces deux hommes ? Point du tout, ou pour mieux dire, ils ne voient pas réellement la même chose ; celui qui sait de quoi il s'agit, découvre le génie de l'artiste dans la machine ; celui qui en ignore la destination, n'apperçoit que des roues, & ne voit point d'artifice. Deux hommes considèrent la façade d'un Temple, elle plaît à l'un, elle déplaît à l'autre. D'où vient cette différence ? Le premier n'est frappé que de la correspondance que les colonnes, & les autres piéces plus visibles de l'édifice, présentent en gros, pour ainsi dire, à ses yeux : le second découvre dans les détails des défauts de proportion, que le premier ne voit aucunément. La vue choquante de ces défauts efface l'impression agréable que la correspondance des colonnes auroit excitée, si elle se fût présentée seule à son esprit. Mais que tous les hommes de la terre jettent les yeux sur deux cabannes rustiques; que dans l'une la porte soit au milieu, & qu'elle ait de côté & d'autre deux fenêtres égales, placées à égale distance : Que dans l'autre la porte se trouve à un coin ; que de l'autre côté soient deux fenêtres inégales, & inégalement placées : tous conviendront qu'il y a une sorte de symétrie, & de régularité dans la premiere, qui manque absolument à la seconde. Voilà un cas propre à réunir tous les esprits par son extrême simplicité. Ce point de réunion une fois trouvé, il ne doit pas être difficile à un Philosophe de démêler l'influence constante, & uniforme de ce principe dans les cas les plus variés.

Ce n'est ni le gros des hommes qui se conduisent par les principes du bon sens, ni les génies les plus sublimes, & les plus élevés qui doutent de la réalité de la perfection, & du beau. Les Sophocle & les Euripide, les Corneille & les Racine, ceux qui les ont remplacés, n'ont jamais pensé que ce caractere lumineux de perfection, & de beauté, qui les affectoit si vivement,

& qu'ils tâchoient d'imprimer à leurs Ouvrages, ne fût que l'empreinte capricieuse, & passagere d'un préjugé borné à une Nation, ou à un Siécle. Le beau Dramatique, tel qu'ils l'ont conçu, est fait pour affecter tous les esprits dans tous les tems, dans tous les lieux. Il n'y a que les Sophistes d'un étage mitoyen, qui frappés de la diversité des goûts au sujet du beau, & embarrassés de la difficulté de les rapporter à un principe simple, & constant, ont trouvé plus commode de trancher le nœud, en ne reconnoissant d'autre beau que celui dont chacun se forme l'idée, suivant son goût particulier: Semblables à des Physiciens mal habiles, qui spectateurs de l'infinie variété des phénomenes électriques, & incapables de les ramener à un seul principe, établiroient un principe propre & particulier pour chaque *phénomene*. (Ces Sophistes détruisent ainsi toute régle du goût. Car au lieu que c'est le goût qui doit se former sur l'idée d'un beau constant, & universel, indépendant des goûts particuliers, & propre à les rectifier, ils veulent que ce soit à chaque goût particulier à se former le caractere de son propre beau.)

L'homme n'est pas moins sensible à l'idée de la perfection ; je sais qu'il y a des Sophistes qui dédaignent ce terme, comme un mot vuide de sens. Ils savent se placer si haut que l'Univers n'est qu'un point devant eux, & que la différence du Soleil à un grain de sable, celle de l'homme à une mouche, s'évanouit à leurs yeux. Mais ceux qui se contentent de voir les choses de plus près, apperçoivent aisément les différens dégrés de perfection, que la Nature a mis dans les êtres. Observons les animaux, nous découvrirons aussi-tôt dans les différentes espéces un principe d'activité, plus ou moins étendu ; c'est-à-dire, qui s'étend sur un plus grand, ou sur un moindre nombre d'objets, & qui est accompagné d'un assemblage d'organes, & de facultés, plus ou moins nombreux, plus ou moins variés, au moyen desquels il déploye son action. Comparons l'aigle au ver de terre, celui-ci n'ofre à nos regards qu'une ébauche de mouvement progressif, quelques indices ces de tact, & la faculté de se nourrir; l'aigle a toutes ces choses, mais dans un dégré bien supérieur. Dans le tems que le ver met à ramper lentement sur un pouce de terre, l'aigle s'éleve au haut des airs, parcourt de ses yeux des Campagnes immenses, fixe sa proie, & l'enleve en un instant. Le principe d'activité, qui anime l'aigle est donc plus étendu, plus varié que celui qui réside dans le ver; l'aigle a plus de facultés, plus de moyens pour déployer son activité sur les objets qui l'environnent; l'aigle a donc plus d'être, plus de perfection que le ver.

 La Nature ayant ainsi donné à tous les êtres un assemblage de facultés, propres à éxercer le principe d'activité qu'elle a mise en eux, conformément à leur destination, il s'ensuit que les espéces qui ont plus de facultés, ont plus d'activité, & par conséquent plus d'être, & de perfection, que celle qui en ont moins; & que dans la même espéce l'individu, qui a toutes les facultés convenables à son être, & chaque faculté duement proportionnée à son objet, est plus parfait que l'individu, qui en a moins, & dans un moindre dégré d'activité. Ainsi le cheval qui naît avec une jambe de moins, n'est pas si parfait que les autres individus de son espece; & celui dont les jambes lourdes & pésantes se refusent à une course rapide, est aussi moins parfait que ceux qui ont plus de force, & d'agilité.

Ce n'est pas donc sans raison que l'homme se regarde comme le Roi de la Nature. La terre cultivée, & fertilisée pour sa subsistance, couverte de bâtimens immenses pour le loger, les mers chargées de ses vaisseaux, les montagnes percées, les vallées comblées, les fleuves captifs entre leurs digues, des remparts invincibles opposés à la fureur des flots, tous les animaux assujettis, les éléments se pliant au gré de son industrie, les monumens des arts élevés de toutes parts, tout lui rétrace l'excellence, & la supériorité de son être, & l'empire de la Nature intelligente sur la Nature sensible.

„ En considérant l'homme tel qu'il
„ sort des mains de la Nature, je vois,
„ dit l'Auteur d'Emile, un animal moins
„ fort que les uns, moins agile que
„ les autres, mais, à tout prendre,
„ organisé-le plus avantageusement de
„ tous. " L'homme n'a sans doute ni
la force du taureau, ni l'agilité du
renne, mais il sait s'approprier l'une
& l'autre quand il veut. L'homme ne
peut s'élever dans les airs, mais il fait
partir de sa main, quand il veut, la
foudre meurtriere, qui atteint les oiseaux dans leur course rapide, & les
fait tomber à ses pieds. Cette étonnante activité qui se déploye par la
création, & par l'usage des arts, n'est
pourtant pas encore le plus grand avantage de la raison. C'est l'intelligence
du vrai qui en fait essentiellement le
mérite, & le prix. L'homme connoît,
où l'animal ne fait que sentir. Le Berger qui jouit du spectacle du Ciel en
une belle nuit, qui contemple, & admire l'éclat de ces feux brillans, suspendus, & roulans sur sa tête, qui
juge de l'heure de la nuit, par la hau-

teur d'une étoile, montre la supériorité de sa Nature sur les animaux qu'il conduit, plus encore par ce foible rayon d'intelligence, que par l'empire qu'il exerce sur eux. Cette faculté de connoître le vrai, est susceptible d'une infinie variété de dégrés dans les hommes. Quelle différence des notions informes du Berger, à la science de l'Astronome, qui a observé, & calculé toute sa vie; quelle différence de la science de cet Astronome, qui ne sait que ce qu'il a appris, au génie créateur de celui, qui dans la combinaison des loix de la gravité, & du mouvement de projection, trouva la cause déterminante de la marche des corps célestes! Ici se montre à découvert la supériorité de l'intelligence sur la sensation. Celle-ci nous affecte, & ne nous éclaire point. La lumiere est proprement le caractere de l'intelligence, lumiere inexplicable, mais réelle, qui a le pouvoir de s'identifier en quelque sorte tout ce qu'elle découvre : tout ce que nous connoissons est présent à notre esprit.

Tel est ce soleil dont l'intelligence humaine a calculé la grandeur, la distance, la rotation, la densité ; ce soleil que nous contemplons les yeux fermés, & que nous connoissons mieux par l'idée qui nous le représente, que par l'image lumineuse qu'il peint dans nos yeux : c'est dans cette idée, qui est toute dans mon esprit, que je vois les propriétés de l'astre, qui est hors de mon esprit ; c'est ainsi que tous les êtres de l'Univers se rassemblent dans ma pensée, & y reçoivent comme une nouvelle sorte d'existence, qui en contient toute la realité, & la perfection; de même que la perfection d'une machine est plus dans l'idée de l'Ouvrier qui l'a conçue, que dans l'assemblage des piéces qui la composent.

Tous les hommes ont un sentiment confus de l'excellence de ce principe intelligent qui est en eux ; le Berger le plus grossier n'a jamais douté qu'il ne fût homme, & qu'en qualité d'homme il ne fût infiniment supérieur à ses brebis. C'est ce sentiment qui rend tous les hommes si sensibles à l'idée de leur
propre

propre perfection. Tous conçoivent sans effort, & sans étude que la santé, la force, l'adresse, l'agilité, sont des perfections du corps, qu'une mémoire heureuse, un jugement sain, une conception vive, & aisée, sont des perfections de l'esprit. On souhaite ces qualités quand on ne les a pas; on s'en applaudit quand on les a, ou qu'on croit les avoir.

Ainsi le raisonnement, & l'expérience concourent également à établir que l'esprit humain est sensible à tout ce qui porte l'empreinte de l'ordre, de la régularité, de la perfection. La passion même de l'admiration, passion propre à l'espece humaine, & commune à tous les hommes, en fournit une preuve aussi sensible que convaincante.

Or il en est de l'idée de l'ordre, & de la perfection, comme de ces vérités pratiques, dont nous avons parlé ci-dessus. On ne peut que l'approuver partout où on la reconnoît. Quand nous voyons une machine dont la construction répond exactement à l'effet qu'on s'est proposé, nous ne disons pas seulement que cette machine est ce qu'elle est, nous disons qu'elle est ce qu'elle doit être: jugement d'approbation, qui est toujours suivi d'un sentiment de complaisance, puisque nous ne pouvons que nous complaire dans ce que nous approuvons.

Le caractere d'ordre, de régularité, de perfection que nous remarquons dans cette machine, est le principe qui détermine notre approbation, & cette approbation devient le principe de la complaisance qui s'excite en nous. C'est cet enchaînement qu'il importe de remarquer. Nous ne disons pas que la machine est réguliere, parce qu'elle nous plaît; nous disons qu'elle nous plaît, parce qu'elle est réguliere, & nous disons vrai. Celui, qui faisant les éloges d'une peinture, ou d'un édifice, n'ose pas décider de la beauté de l'ouvrage, & se contente de dire qu'il lui plaît, veut nous faire entendre par cette modestie vraie, ou affectée, qu'il ne donne pas son jugement pour régle, mais il ne prétend pas dire qu'il n'y ait rien dans l'objet, qui mérite cette complaifance. Loin de là il fera charmé qu'un connoiſſeur y découvre les beautés qui ont fixé ſon eſtime, & ſon approbation ; & il ſeroit honteux qu'on y remarquât des défauts groſſiers. Tant il eſt vrai que l'on ſent que ce n'eſt pas la complaiſance qui fait le mérite d'un ouvrage, mais que c'eſt au mérite à fixer l'eſtime, & l'approbation. En un mot, tout jugement d'approbation, & la complaiſance qui le ſuit, eſt toujours fondée ſur une connoiſſance précédente, connoiſſance qui eſt déterminée par le mérite vrai, ou apparent de l'objet. Il en eſt à cet égard du jugement d'approbation, comme de celui d'affirmation.

Quand nous affirmons une erreur, c'eſt toujours une fauſſe apparence de vérité, qui nous trompe : quand nous approuvons ce qui n'eſt pas digne de l'être, c'eſt toujours une fauſſe apparence d'ordre, de régularité, de perfection qui nous ſéduit. Ainſi comme l'eſprit humain tend à la vérité comme à la régle de ſon jugement, lors même qu'il a le malheur de ſe tromper, il tend de même à l'ordre, & à la régularité comme à la régle de son approbation, lorsque séduit par une trompeuse apparence, il attribue à l'objet de son estime une perfection qui ne s'y trouve pas.

Il suit de ces principes que les choses peuvent nous plaire de deux manieres très-différentes; l'une par la simple impression du plaisir qu'elles nous causent, tout ainsi qu'on aime une liqueur qui affecte agréablement le palais : l'autre, par un effet de l'ordre, de la régularité, de la perfection, que nous découvrons dans un objet. Dans le premier cas le plaisir est un pur effet de la sensation; la connoissance n'y entre pour rien. Une couleur, par exemple, nous plaît, parce qu'elle nous plaît : nous ne pouvons rien dire de plus; le pourquoi est dans le plaisir même qu'elle nous fait; & on ne sauroit en donner d'autre raison. Dans l'autre cas la complaisance que nous éprouvons à la vue d'un tableau, est une suite de la connoissance que nous avons de sa perfection. Nous ne sommes pas bornés à dire qu'il nous plaît parce qu'il nous plaît; il nous plaît parce que nous y découvrons un mérite qui le rend digne de notre approbation, & par conséquent de notre complaisance.

Dans l'un & l'autre cas c'est toujours l'amour du bien être, l'amour de nous mêmes, qui nous attache, & nous affectionne à ce qui nous plaît. Mais la raison déterminante de la complaisance n'est pas la même dans l'une, & dans l'autre. Dans le premier, cette raison est toute en nous-mêmes, c'est notre plaisir qui nous meut, & nous affectionne à l'objet qui nous le cause : un mets délicat nous plaît, non parce qu'il est en lui-même, mais uniquement par l'impression agréable qu'il fait sur notre goût. Dans le second, la raison qui excite ma complaisance est hors de moi; c'est la perfection de l'objet que je contemple, cette perfection n'est pas en moi, mais je ne puis la connoître sans l'approuver, & m'y complaire.

Je ne reconnois point de qualités estimables dans un homme; c'est néanmoins de cet homme que dépend ma fortune, & mon avancement. Je m'attache à lui, & je souhaite sa grandeur, & son élévation. La raison déterminante de mon affection pour cet homme est toute en moi ; je l'aime pour mon avancement, & non pour aucune qualité qui soit en lui. Je connois un autre homme vivant à cent lieues de moi, qui ne peut me faire ni bien, ni mal, homme intégre, sage, modéré, discret, officieux, incapable de trahir pour sa propre défense le secret d'un ennemi acharné à le détruire ; j'aime cet homme, & je m'affectionne à lui: je m'intéresse à ce qui le regarde, je me réjouis de son bien, je m'afflige de son mal : en un mot, cet homme me plaît, & j'aime cet homme parce qu'il me plaît ; mais pourquoi me plaît-il ? La raison déterminante de cette complaisance est hors de moi, c'est le mérite que je lui connois, mérite auquel je ne puis refuser ni mon approbation, ni les sentiments qui l'accompagnent. C'est bien l'amour de moi-même, qui fait que je m'affectionne à un homme qui me plaît ; mais ce qui fait qu'il me plaît, c'est une qualité qui est en lui, que je connois, & que j'estime en lui.

Ici se dévoile la différence qu'il y a entre l'amour qu'on appelle intéressé, & l'amour gratuit ou désintéressé. Différence sentie très-vivement par tous les hommes, par les savants, & par les ignorants, par les sophistes mêmes qui la combattent. Ce qui a pu jetter quelque nuage sur cette distinction, c'est que l'amour de nous-mêmes étant le principe de toutes nos affections, il paroit d'un côté que toute affection doit être dépendante de cet amour de nous-mêmes, & que d'autre part on ne sauroit regarder comme gratuite & désintéressée une affection dépendante de l'amour de notre bien être.

Cette espece de contradiction s'évanouit par les principes que nous venons d'établir. La bienveillance gratuite n'exclut pas l'amour de notre bien être, non plus que l'amour intéressé. Mais elle s'y rapporte, & en dépend d'une autre maniere. Que j'aime un homme d'une bienveillance gratuite, ou d'un amour intéressé, c'est toujours parce qu'il me plaît que je l'aime ; l'amour de mon bien être préside ainsi également à ces deux affections ; c'est toujours l'amour de moi-même qui fait que je m'attache à ce qui me plaît. Ce n'est pas donc de ce côté-là qu'il faut chercher la différence de l'amour gratuit, & de l'amour intéressé ; c'est dans la différence des motifs, qui font qu'un objet nous plaît. Si ce motif est en nous-mêmes, si nous n'envisageons dans l'objet que le pouvoir qu'il a de contribuer à notre satisfaction, & si indépendamment de cette satisfaction cet objet ne nous présente rien en lui-même, qui soit digne de notre approbation, l'amour que nous aurons pour cet objet, sera un amour intéressé. Si au contraire le motif pour lequel un objet nous plaît, est dans cet objet même ; si ce sont ces qualités estimables que nous reconnoissons dans un homme, qui font que cet homme nous plaît, la bienveillance que nous aurons pour lui sera gratuite, & désintéressée, puisque ce n'est pas la considération de l'intérêt qui est en nous, mais la considération du mérite qui est en lui, qui attire notre estime, & notre approbation, & qui fait qu'il nous plaît.

Pour ne laisser aucune obscurité sur une matiere si délicate, & si obscure, qu'on me permette d'ajouter encore cette réflexion. Toutes les fois que je reconnois un caractere véritablement vertueux dans un homme, je ne puis lui refuser mon estime, & mon approbation. C'est ce qu'on n'aura pas de peine à m'accorder. L'objet, le motif de cette approbation est-il en moi, ou en lui? Il est évident que c'est la vertu qui est en lui. Cette vertu qui est en lui, & qui est l'objet, & le motif de mon approbation, est donc aussi l'objet, & le motif de ma complaisance, puisque la complaisance suit naturellement l'approbation. Ainsi comme l'approbation que je donne à cet homme est déterminée par les vertus que je lui reconnois, l'affection que je lui porte, est également déterminée par ces mêmes qualités que je reconnois en lui. Cette affection est donc granuite, & désintéressée, puisque le motif de la complaisance, qui m'attache à lui, n'est pas en moi, mais en lui.

On voit par-là comment la bienveillance gratuite, & désintéressée, peut se rapporter à l'amour de nous-mêmes, principe général de toutes nos affections, sans cesser d'être gratuite, & désintéressée. J'aime un homme, qui ne me fait, ni ne peut me faire aucun bien, uniquement parce que son caractere vertueux attire mon approbation, & me plaît. Cette bienveillance est entiérement gratuite, & désintéressée. Cet homme me plaît, non pour le bien que j'en attens, mais pour la vertu qui est en lui. Cette bienveillance, toute gratuite qu'elle est, relativement à son objet, ne laisse pas que de dépendre de l'amour de moi-même, parce que c'est l'amour de moi-même, & de mon bien être, qui m'affectionne à ce qui me plaît.

D'après ces principes il est aisé de concevoir comment un homme peut sans préjudice de l'amour de son bien être préférer le bien moral qui résulte d'une action vertueuse au bien physique, & à l'avantage personnel qu'il pourroit se procurer par l'infraction d'un devoir. La conformité à la droite raison est ce qui constitue le bien moral, selon ce qui a été dit ci-dessus; or la raison ne peut qu'approuver ce qui est conforme à la droite raison. Le bien moral est donc un de ces objets qui sont dignes d'approbation, & par conséquent dignes de plaire par eux-mêmes; l'amour du bien être, qui tend toujours à ce qui plaît, peut donc nous y attacher, & nous y affectionner, & on voit par-là comment on peut aimer la vertu d'un amour gratuit, & désintéressé, sans préjudice de l'amour de soi-même. Il est par conséquent au choix de l'homme de préférer le bien moral qu'il envisage dans l'accomplissement de son devoir, au plaisir sensible, ou à l'intérêt personnel qu'il ne pourroit se procurer que par la voie du crime.

Je dis même que l'amour de soi-même bien conseillé, bien dirigé doit toujours se plier, & se tourner au bien moral, à préférence de tout autre avantage. La douleur, la privation d'un bien physique nous incommode, & nous afflige, mais elle ne nous humilie, ni ne nous avilit pas à nos propres yeux.

L'honnête homme qui se traine dans la rue, luttant contre la misère, & la pauvreté, se dit quelquefois en lui-même qu'il vaut mieux sous ses haillons, que le fat pompeux qui se donne en spectacle sur un char doré. Il n'en est pas de même de la lâcheté, de l'injustice, de la perfidie : celui qui en est coupable, cache sa honte autant qu'il peut ; mais le soin même qu'il prend de la couvrir, prouve qu'il se dit à lui-même, ce qu'on diroit de lui, si son injustice étoit connue. Cette horreur qu'elle exciteroit dans les autres, se représente à lui malgré qu'il en ait, il faut qu'il s'avoue digne de blâme, & de mépris. Rien donc de plus contraire à l'amour du bien être, que ce tourment de la conscience qui poursuit impitoyablement le méchant : rien de plus conforme à l'amour du bien être, que cette satisfaction intérieure, qui accompagne le juste, qui le console, & le soutient dans les revers les plus accablans. Ainsi l'amour du bien être sagement réglé doit porter l'homme à préférer en toute occasion le bien moral à tout autre intérêt.

Le bien être a plus d'étendue dans un être intelligent, que dans un être purement sensitif. Il n'est pas borné comme dans celui-ci à la simple impression du plaisir sensible. On a vu des hommes malheureux dans l'affluence des délices. Le contentement de l'ame contribue encore plus que la sensation du plaisir au bonheur de l'homme. Cette complaisance intérieure qui s'excite à la vue des avantages, & des bonnes qualités que l'on reconnoit en soi-même, n'est jamais si pure, & si entiere que lorsque l'homme sent qu'il n'a rien à se reprocher, qu'il n'apperçoit rien en lui-même qui soit digne de sa haine, & de son mépris; & que tout est ce qui est en est lui, est d'accord avec lui-même, c'est-à-dire, avec sa propre raison.

Telle est l'excellence de la nature intelligente, que son bonheur dépend plus de ses idées, que de ses sensations, & que l'amour gratuit, & désintéressé qui la porte au bien qui est hors d'elle-même, contribue plus à son bien être que l'affection intéressée qui l'attache au plaisir qui l'affecte.

DISCOURS VII.

De la Loi naturelle.

IL est évident, comme nous l'avons vu, que la raison présente à l'homme des vérités pratiques, propres à servir de régle de conduite : telle est celle-ci : Ne pas faire à autrui ce que nous ne voudrions pas qui nous fût fait. D'un côté cette maxime est évidemment vraie, & de l'autre elle est évidemment propre à regler nos actions envers le Prochain.

Il est évident que les actions conformes à cette régle de la droite raison, sont justes, bonnes, & honnêtes. Elles sont justes ; car le juste, selon l'étymologie même du nom, est ce qui est conforme à sa régle. Elles sont bonnes en tant qu'elles contribuent au bien être, & à la perfection du genre humain. Elles sont honnêtes, puisque leur conformité à la droite raison les rend dignes d'approbation, d'estime, & de louange.

Ces mêmes actions en tant que dignes d'approbation, sont capables de plaire à l'esprit par elles-mêmes, par la conformité qu'il découvre entre l'action, & la droite raison. Il peut donc s'y attacher, & y être porté par l'amour même de son bien être, ainsi qu'on l'a expliqué ci-dessus.

Mais les maximes de la droite raison, toutes dignes qu'elles sont d'approbation, & de complaisance, ont elles force de Loi, & imposent-elles à l'homme une obligation proprement dite de s'y conformer ? Je reconnois sans peine, dira quelqu'un, qu'il est plus beau d'user de reconnoissance, que de trahir son ami ; mais si la trahison peut m'ouvrir un chemin à la fortune, y a-t-il quelque principe qui m'oblige de préférer l'honnêteté à l'utilité ?

On ose presque dire que la question est décidée par les principes que l'on vient d'établir. Néanmoins il ne sera pas inutile d'examiner en peu de mots le sentiment de Puffendorf, & de Barbeirac heyrac sur la Nature de la Loi, & de l'obligation qui en résulte. Je me flatte que cette discussion répandra quelque jour sur une matiere, dont on n'a généralement que des idées confuses, & qui est néanmoins de la plus grande importance.

Toute Loi parfaite, disent-ils, (*Puff. Dev. de l'hom. & du citoyen. L. 1. Ch. II. V. VII.*) a deux parties; l'une qui détermine ce qu'il faut faire; l'autre qui déclare le mal qu'on s'attirera, si l'on ne fait pas ce que la Loi ordonne, ou si l'on fait ce qu'elle défend.

Ils disent que la Loi n'oblige qu'en vertu de la volonté d'un Supérieur, qui a droit de prescrire une régle, qui a de justes raisons de prétendre gêner la liberté de ceux qui dépendent de lui, & des forces suffisantes pour faire souffrir quelque mal aux contrévenans.

Pour imposer une obligation parfaite, il ne suffit pas, selon eux, que la Loi ou le Législateur prescrivent une régle; mais il faut de plus qu'il y ajoute la *Sanction*; cette autre partie de la Loi, qui déclare le mal que le transgresseur s'attirera.

Néanmoins Barbeyrac avoue que la force coactive n'entre pour rien dans ce qui constitue le droit d'imposer une obligation; & qu'elle n'est qu'un motif propre à engager un inférieur à remplir ses obligations, par la crainte du mal dont il est menacé, s'il y manque.

Maintenant la question se réduit à savoir si les maximes pratiques de la droite raison, indépendamment de la volonté connue d'aucun Législateur, ont force de Loix, & imposent une obligation proprement dite, de s'y soumettre : Si un homme, par exemple, qui auroit le malheur de ne pas connoître qu'il y a un Dieu, Auteur de la Loi naturelle, seroit, je ne dis pas seulement obligé, mais s'il pourroit se sentir, & se reconnoître obligé à suivre les maximes pratiques de la droite raison, qui dictent qu'on doit s'abstenir de la trahison, & de la calomnie.

Selon Puffendorf & Barbeyrac, cet homme ne seroit pas à la vérité dispensé de l'obligation qu'impose la Loi naturelle, puisque ce ne peut être que par sa faute, qu'il ignore qu'il y a un Dieu, Auteur de la Loi naturelle; mais il ne pourroit avoir le sentiment de cette obligation.

Avouons d'abord que la Loi naturelle dans l'homme ne peut être qu'une impression de la Loi éternelle, qui est en Dieu. La raison n'est droite, qu'autant qu'elle est conforme à l'ordre immuable de la souveraine Sagesse, qui a imprimé dans l'esprit de l'homme une tendance au vrai, & au bien, pour le conduire à sa félicité. En supposant ainsi que Dieu n'existât pas, il est hors de doute que la Loi naturelle ne sauroit non plus exister; mais il n'existeroit non plus ni entendement, ni homme, ni rien. La nuit épaisse du néant couvriroit tout, & rien ne seroit ni existant, ni possible. Mais quoique l'homme ait reçu de Dieu son intelligence, & la direction de son intelligence au vrai, & au bien, il n'est pas impossible que par un coupable abus de ses facultés, un homme s'aveugle jusqu'au point d'ignorer, & de méconnoître la source de la lumiere qui l'éclaire. Or, on demande si relativement à un Athée les maximes de la droite raison produisent non-seulement une véritable obligation, mais aussi le sentiment de cette obligation.

Il ne sauroit y avoir de doute quant à la premiere partie, ainsi qu'on vient de le voir. On ne peut disconvenir que les maximes de la droite raison, ou de la Loi naturelle n'imposent une véritable obligation à celui même qui auroit le malheur d'ignorer Dieu, autrement il faudroit dire qu'en supposant, s'il est possible, un Sauvage dénué de toute connoissance de la Divinité, cet homme ne pécheroit aucunément en tuant tous ceux dont il lui prendroit envie de se défaire.

Je dis de plus, que ces maximes de la droite raison, que l'on comprend sous le nom de Loix naturelles, sont propres à exciter le sentiment de l'obligation, dans un homme qui ne connoîtroit pas Dieu. C'est ce qu'il faut prouver contre Puffendorf & Barbeyrac. S'il ne s'agissoit contr'eux que d'une dispute de mots, sur le terme *d'obligation parfaite*, la question seroit peu importante ; mais il me paroit que ces deux Ecrivains ont manqué dans la liaison même de leurs idées ; & c'est ce qu'il importe toujours de remarquer pour l'éclaircissement de la vérité.

Je prouve ma proposition premièrement par la notion même de l'obligation, telle que Puffendorf l'établit :
„ On entend ordinairement, dit-il, (*L.*
„ *1. Ch. II. §. III.*) par le mot d'o-
„ bligation un lien de droit, par le-
„ quel on est astreint à faire, ou
„ à ne pas faire certaines choses. En
„ effet, toute obligation met, pour
„ ainsi dire, un frein à notre liberté,
„ en sorte que quoiqu'on puisse s'y
„ soustraire actuellement, elle produit
„ en nous un sentiment intérieur, qui
„ fait que quand on a négligé de se
„ conformer à la régle prescrite, on
„ est contraint de blâmer soi-même sa
„ conduite, & que s'il nous en arrive
„ du mal, on reconnoît qu'on se l'est
„ justement attiré, puisqu'on pouvoit
„ aisément l'éviter, en suivant la ré-

„ gle, comme on y étoit tenu. "

Le sentiment de l'obligation consiste donc principalement dans ce sentiment intérieur, que l'infraction de la régle produit en nous, & qui nous contraint de blâmer notre propre conduite. Tel est le cas de tout homme qui viole une maxime qu'il reconnoit être conforme à la droite raison. En faisant le contraire de ce qu'il approuve, il faut de nécessité qu'il se blâme de ce qu'il fait. Toute maxime pratique de la droite raison est donc propre à produire ce sentiment intérieur, qui contraint l'homme à se blâmer soi-même, quand il y manque; elle est donc propre à produire un véritable sentiment d'obligation.

2. Pour imposer l'obligation, & en imprimer le sentiment, Puffendorf exige deux conditions (*Ch. V.*) dans le supérieur: „ De justes raisons de restrein-
„ dre la liberté des inférieurs, & le
„ pouvoir de faire souffrir quelque mal
„ aux contrévenans. Lorsque ces deux
„ choses, dit-il, se trouvent réunies
„ en la personne de quelqu'un, il n'a

„ pas plutôt donné à connoître sa vo-
„ lonté, qu'il se forme nécessairement
„ dans l'ame d'une créature raisonna-
„ ble des sentimens de crainte, ac-
„ compagnés de sentimens de respect;
„ les premiers, à la vue de la Puis-
„ sance, dont cet Etre est revêtu; les
„ autres à la vue des raisons, sur les-
„ quelles est fondée son autorité, &
„ qui indépendamment de tout motif
„ de crainte, devroient suffire pour en-
„ gager à lui obéir. "

Donc la seule vue des raisons, sur lesquelles l'autorité du Supérieur est fondée, doit suffire pour engager à lui obéir, indépendamment de tout motif de crainte. Ce sont les propres termes de Puffendorf. Cette vue impose donc une obligation : une créature raisonnable qui manque d'obéir, lorsqu'elle sent qu'elle devroit obéir, ne peut que se blâmer elle-même; ce sentiment qu'elle a de devoir obéir, met un frein à sa liberté, auquel elle ne peut se soustraire, sans se dire qu'elle a manqué à ce qu'elle devoit. Or, c'est ce frein de droit qui constitue l'obligation.

3. „ Quiconque, ajoute Puffendorf, „ n'a d'autre raison à m'alléguer, que „ la force qu'il a en main pour me „ contraindre à subir le joug qu'il veut „ m'imposer, peut bien me porter par-„ là à aimer mieux fléchir pour un „ tems, que de m'exposer à un mal „ plus fâcheux, que ma résistance m'at-„ tireroit; mais cette crainte éloignée, „ rien n'empêchera que je me conduise „ à ma fantaisie plutôt qu'à la sienne. "

Ainsi la crainte ne contribue en rien au sentiment de l'obligation; ce sentiment consiste en ce que l'on se dit en soi-même que l'on doit obéir: & c'est ce qui ne se trouve pas, quand c'est la force seule qui porte à obéir.

4. „ Que si au contraire, dit enfin „ Puffendorf, ayant de bonnes raisons „ d'exiger mon obéissance, il est de-„ stitué des forces nécessaires, pour „ me faire souffrir quelque mal en „ cas que je refuse d'obéir de bonne „ grace, je puis alors mépriser impu-„ nément ses ordres, à moins que quel-„ que autre plus puissant que lui, ne „ veuille maintenir son autorité. "

Dans ce cas je puis manquer impunément à mon devoir; cela est vrai. Mais l'assurance de l'impunité ne m'ôte pas la connoissance du droit de mon Supérieur, ni par conséquent le sentiment de mon devoir envers lui. Si cela seul ne suffisoit pas pour produire l'obligation, & le sentiment de l'obligation, il faudroit dire que ce sentiment ne commence à éclore que quand je m'apperçois que je ne puis plus violer impunément mon devoir, ainsi l'obligation seroit un effet de la force coactive, plus que d'un droit légitime, contre le sentiment même de ces Auteurs.

5. Barbeyrac avoue en effet, que la force coactive, & la crainte de la peine n'entre pour rien dans le fondement de l'obligation, & ne fait que donner une nouvelle force aux motifs qui nous portent à obéir.

La conséquence légitime de cette doctrine seroit de dire, que le fondement de l'obligation répond uniquement à la premiere partie de la Loi, qui détermine ce qu'il faut faire; & que la seconde partie, qu'on appelle *Sanction*, & qui statue la peine contre les transgresseurs, ne regarde que les moyens d'assurer l'exécution de la Loi, relativement à ceux qui seroient portés à l'enfreindre, s'ils n'étoient retenus par la vue du châtiment.

6. Qu'un Supérieur légitime, mais dépouillé de toute force de contraindre, prescrive à ses inférieurs une Loi fondée sur de justes raisons : tout homme vertueux se croira indispensablement obligé d'obéir, s'il le peut ; & Barbeyrac même n'en disconvient pas. Le lâche, ou le vicieux profitera de l'impunité que lui assure l'impuissance du Législateur, & méprisera sa Loi. Que le Supérieur vienne à recouvrer la force qui lui manquoit, & qu'il ajoute une sanction à sa Loi, la crainte du châtiment ne produira aucun nouveau sentiment d'obligation dans l'ame du vertueux ; il ne s'estimera pas plus obligé d'obéir par la crainte de la peine, qu'il ne l'étoit auparavant par la considération de son devoir. La nouvelle sanction n'affectera que le ré-

fractaire vicieux, non en produisant en lui un nouveau sentiment d'obligation qu'il n'eût pas auparavant, mais en l'engageant de s'y soumettre par la crainte du mal qu'il s'attireroit en continuant dans sa révolte. Si avant la sanction il ne sentoit pas qu'il fût de son devoir d'obéir, il seroit impossible que la sanction le lui fît sentir. Car la simple vue du mal dont on est menacé, si on ne fait pas une chose, peut bien engager à la faire; mais cette seule vue ne fera jamais sentir que ce soit un devoir de la faire. D'où il suit que l'obligation conçue comme un lien moral, qui met un frein à la liberté, en tant qu'elle fait connoître à l'homme qu'il ne peut manquer de se conformer à la régle, sans se blâmer soi-même, répond uniquement à la premiere partie de la Loi, qui détermine ce que l'on doit faire; que la sanction par conséquent n'ajoute rien au fondement de l'obligation (sinon en tant que le mépris de la sanction formeroit une nouvelle transgression) & que son effet propre, & direct est de plier à l'observation de la Loi par la crainte de la peine, ceux qui ne voudroient pas s'y soumettre par la considération de leur devoir.

Il suit de-là que les maximes pratiques de la droite raison pour la conduite de la vie, imposent une véritable obligation de s'y conformer, indépendamment de la vue d'un Supérieur qui ait droit d'en exiger l'observation. C'est ce que je vais prouver évidemment contre Barbeyrac. Un brigant, selon lui, qui a la force en main, peut me contraindre à exécuter ses volontés, par la crainte du mal qu'il peut me faire souffrir, mais il ne peut m'imposer aucune véritable obligation de lui obéir, & si je puis m'évader, je ne ferai rien contre mon devoir en m'échappant. Au contraire, le Supérieur légitime, quoique dépouillé de ses forces, retient toujours le pouvoir d'obliger, sans avoir celui de contraindre. Darius errant, fugitif, accablé de lassitude, blessé à mort, perdant tout son sang, s'arrête un moment, & demande à un Soldat fidele, qui le suivoit encore, une tasse d'eau, pour rafraichir ses lévres expirantes : ce Soldat, suivant les principes de Barbeyrac, étoit certainement obligé d'obéir à un Maître, dont il n'avoit aucun mal à craindre. D'où vient cette différence ? Pourquoi le brigand peut-il me contraindre, sans m'obliger ? Pourquoi un Supérieur légitime m'oblige-t-il, sans pouvoir me contraindre ? C'est que la droite raison me dicte que je ne dois rien au brigand, & que je dois obéir à celui qui a droit de me commander.

L'obéissance que je dois à mon Supérieur légitime, est contenue dans l'obéissance que je dois aux maximes pratiques de la droite raison, comme la conclusion est contenue dans les prémisses. Si Barbeyrac eût voulu prouver que le Soldat étoit obligé d'obéir à Darius, il n'eût pu le faire que par un raisonnement approchant de celui-ci. La droite raison dicte qu'on doit obéir à un Supérieur légitime ; Darius étoit le Supérieur légitime du Soldat. Donc le Soldat devoit obéir à Darius.

Il en est à cet égard comme de l'obligation qui provient des engagemens que l'on contracte volontairement. La parole donnée, & acceptée, est sans doute la cause prochaine de l'obligation que je contracte; mais c'est en vertu de ce principe supérieur de la droite raison, qui dicte que chacun est tenu de remplir exactement ses engagemens. Otez ce principe, l'obligation ne subsistera plus. Il en seroit des promesses que l'on fait en contractant, comme de celles que des Acteurs se font entr'eux sur le théatre.

D'où vient que les premieres sont obligatoires, & non les secondes. C'est qu'on ne peut manquer aux premieres, sans violer la Loi de la fidélité. Or, la Loi de la fidélité, qui donne la force à une promesse, ne dépend pas de cette promesse; elle lui est antérieure, & subsiste invariablement dans les maximes de la droite raison. Quand personne au monde ne s'aviseroit de promettre, il n'en seroit pas moins vrai, qu'il faut tenir ce que l'on a promis.

Ce n'est donc pas sans raison qu'on a reproché à l'Auteur d'Emile cette horrible maxime: je ne dois rien à qui je n'ai rien promis. Et pourquoi devez-vous après que vous avez promis? Sinon parce qu'il y a une Loi inviolable de fidélité, qui oblige de remplir les engagemens duement contractés? Or, s'il y a une Loi de fidélité, il y a aussi une Loi de justice, une Loi de bienfesance, une Loi de gratitude, & d'humanité, qui obligent pour les cas mêmes, où l'on n'a rien promis.

Je conclus que les maximes pratiques de la droite raison pour la conduite de la vie, ne peuvent que produire un sentiment d'obligation, suivant la notion même, que Puffendorf, & Barbeyrac ont attachée à ce terme; & qu'ainsi la Loi naturelle contenue dans ces maximes a la force d'obliger ceux mêmes qui auroient le malheur de ne pas connoître l'Auteur de leur existence.

On objectera qu'une Loi parfaite doit comprendre la détermination, & la sanction, & qu'une obligation parfaite ne peut répondre qu'à une Loi parfaite.

Or, la Loi naturelle en tant que contenue dans les maximes pratiques de la droite raison, n'est qu'une régle destituée de toute sanction : elle ne sauroit donc avoir le caractere d'une Loi parfaite, relativement à un Athée, ni imprimer en lui le sentiment d'une parfaite obligation.

Je réponds 1. Que la Loi naturelle en tant que contenue dans les simples maximes de la droite raison, n'est pas dénuée de toute sanction. Le déchirement de la conscience est une peine qui poursuit le criminel sur le thrône, & dans les fers. Il n'y a qu'une scéleratesse consommée, qui puisse émousser la pointe de ces remords cuisans, & encore renaissent-ils de tems en tems jusques dans le sein même des délices.

2. Il faudroit définir plus distinctement ce qu'on entend par le mot de Loi parfaite. On peut entendre par ce mot une Loi qui impose une obligation proprement dite, qu'on ne peut violer sans péché ; ou bien une Loi qui répond exactement au but qu'on s'est proposé en l'établissant ; ou enfin celle

celle qui est accompagnée de tout ce qui est nécessaire pour en assurer l'exécution.

Si on prend le mot de Loi parfaite dans le premier sens, je dis que la Loi naturelle indépendamment de la connoissance d'un Suprême Législateur, impose une obligation proprement dite de s'y conformer. C'est ce que j'ai tâché de prouver jusqu'ici.

Si on le prend dans le troisieme sens, j'avoue que la Loi naturelle contenue dans les maximes pratiques de la droite raison pour la conduite de la vie, n'a point de sanction suffisante, indépendamment de la volonté du Suprême Législateur, qui veut que tous les hommes soient justes, qui récompense ceux qui le font, & punit ceux qui ne le font pas. C'est ce qui fera la matiere du Discours suivant.

DISCOURS VIII.

Sanction de la Loi naturelle.

ON appelle Sanction cette partie de la Loi, qui statue une peine contre les contrévenans. L'objet de la sanction n'est autre, comme on vient de le voir, que de balancer, ou surmonter par la crainte de la peine les attraits de la cupidité, qui pourroient porter les méchans, & les vicieux à transgresser la Loi. On a toujours senti qu'un esclave devoit de la reconnoissance au Maître généreux, qui lui donne gratuitement sa liberté. Dira-t-on que ce devoir, & par conséquent cette obligation n'a commencé que lorsque les Loix Romaines commencerent à décerner des peines contre les affranchis, qui manquoient de respect à leurs Patrons? Il seroit absurde de le penser. Le jour qui précéda l'établissement de cette nouvelle sanction, l'esclave ingrat envers son bienfaiteur ne pouvoit que sentir qu'il agissoit contre son devoir. Ce sentiment ne put acquérir plus de force après la sanction : celle-ci ne put avoir d'autre effet que d'engager plus efficacement l'esclave à s'acquitter de son devoir, par la crainte du mal auquel il s'exposoit en y manquant.

Les hommes connoissent, & approuvent les maximes pratiques de la droite raison ; ils savent fort bien les prêcher aux autres : ont-ils lieu de se plaindre de quelque tort qu'on leur ait fait, ils insisteront moins sur le mal physique qu'ils ont reçu, que sur la turpitude de l'action, par laquelle on a violé les maximes de la droite raison à leur égard. Ce sentiment qui parle alors avec tant de hauteur, marque la profonde conviction où ils sont tous de l'étroite obligation, où sont tous les hommes d'observer fidélement ces devoirs sacrés que la droite raison leur prescrit pour le bien commun de l'humanité. Néanmoins les hommes si grands par la sublimité des vues que la saine raison leur présente, se rendent souvent très-petits par la bassesse des motifs qui les font agir : dominés par l'orgueil, par l'avarice, par l'envie, & la jalousie, par mille passions aussi vives que bornées, qui dans l'état présent de la Nature ont tant d'empire sur l'ame. La plupart des hommes ressemblent à la Médée d'Ovide, il voient ce qu'il y a de meilleur, ils s'attachent à ce qu'il y a de pire. La saine raison leur dicte ce qu'ils devroient faire, & ils s'y sentent portés par un premier mouvement d'inclination, qui auroit son effet, s'il n'étoit souvent retenu par la considération d'un avantage particulier, qui détourne l'esprit du bien moral qu'il approuve, pour l'attacher au plaisir qui l'affecte.

Telle est la source des maux qui affligent, & désolent l'Univers. Rien n'est donc plus convenable à la paix, à la tranquillité, au bonheur du Genrehumain, qu'une sanction des Loix naturelles, capable de réprimer les attentats des pervers, que l'espoir d'un avantage particulier rend sourds à la voix de la raison, & insensibles au bien commun de l'humanité.

Comme l'amour du bien être, qui est le principe de toutes les déterminations, & de toutes les actions humaines, se partage en différentes branches, & qu'il se tourne tantôt à l'idée de la perfection, tantôt à l'attrait du plaisir sensible, tantôt à l'appas des richesses, & du pouvoir; il faut que cette sanction soit universelle, qu'elle embrasse tous les états, & toutes les situations de la vie, en sorte que tout homme instruit de cette sanction puisse toujours reconnoître au premier coup d'œil, sans calculer, & sans hésiter, qu'en violant la Loi naturelle, il s'expose à perdre pour toujours ce bien être, qu'il aime invinciblement, & à souffrir un mal infiniment plus grand, & plus répugnant à sa félicité, que le mal présent qu'il voudroit éviter.

La sanction qui accompagne la Loi naturelle, en tant que contenue dans les simples maximes de la droite raison ne porte point ce caractere. Les motifs inséparables de la droite raison, qui devroient porter les hommes à sacrifier en toute occasion, l'intérêt particulier à l'obſervation des Loix naturelles, ſe réduiſent à trois. 1. Le bien de la ſociété univerſelle, dans lequel l'intérêt de chaque particulier ſe trouve compris. 2. L'avantage même de chaque particulier; puiſque l'on voit le plus ſouvent que l'on ſe trompe, en croyant de parvenir au bonheur par la méchanceté, & que l'édifice de la grandeur, & de la fortune, bâti ſur les fondemens ruineux de l'injuſtice, s'écroule quand moins on y penſe, & accable ſous ſes ruines l'imprudent Architecte qui l'avoit élevé. 3. Les remords de la conſcience qui ne ceſſent de troubler la ſérénité de l'ame, ſi néceſſaire pour jouir du bien être.

Ces motifs contiennent ſans doute une ſorte de ſanction; mais il faut avouer que ces motifs n'ont pas toute la force néceſſaire pour impoſer ſilence à la cupidité qui ſe révolte contre la Loi.

1. Il eſt vrai que le véritable intérêt de chaque particulier ſe trouve compris dans l'intérêt général de l'humanité. Mais cette conſidération tou-

chera peu un homme qui croira se trouver dans le cas de retirer par son injustice un avantage bien supérieur à celui qu'il envisage dans l'exacte observation de son devoir.

2. Il est vrai aussi que l'injustice retombe aussi quelquefois sur le méchant, & l'écrase : mais le méchant ne trouvera toujours que trop d'exemples capables de le rassurer contre cette crainte.

3. Il est vrai enfin que l'injuste ne peut éviter entiérement les remords d'une conscience irritée qui lui réproche son crime, & empoisonne ses plaisirs jusques dans les fêtes les plus brillantes. Mais il s'en faut bien que cette peine soit exactement proportionnée à l'énormité de l'injustice. Premiérement si le crime ne devoit avoir d'autre peine que les remords, le scélérat, qui par la longue habitude du crime n'en ressent plus que de rares, & de foibles atteintes, seroit moins puni que l'homme vertueux qui a succombé une fois par foiblesse, & qui pleurera toute sa vie le malheur de s'être souillé par une action qu'il désavoue, action

que son attachement même à la vertu lui rappelle à chaque instant ; & dont le souvenir le pénetre de honte, & de répentir. Secondement l'homme pervers qui s'imagine n'avoir d'autre peine à craindre que les remords, en s'abandonnant à ses passions injustes, croira fort aisément qu'il importe d'avantage pour son bien être de jouir de la satisfaction qu'il se promet, que d'y renoncer, pour éviter un remords, dont l'absence ne le consolera pas de la privation d'un bien qui le flatte si sensiblement.

Il suit de-là que si la Loi naturelle n'avoit d'autre sanction, il y auroit une contradiction réelle entre les lumieres mêmes de la raison. Portons ici l'argument que Cicéron fait valoir contre les Epicuriens. Les Philosophes qu'il combat sous ce nom, niant la providence, & l'immortalité de l'ame, ne reconnoissoient d'autre régle des actions humaines que la jouissance des satisfactions, que l'homme pouvoit se procurer en cette vie. Conséquemment à ce principe ils ne reconnoissoient d'autre fondement de la justice, que l'utilité propre que chacun en retiroit. S'ils prescrivoient à leurs Disciples de garder les régles de la justice, ce n'étoit pas que la justice, selon eux, fût plus digne par elle-même d'estime, & d'approbation que l'injustice ; mais uniquement parce que l'observation de la justice, nous conciliant l'affection de ceux avec qui nous vivons, nous procure plusieurs avantages de leur part, & qu'au contraire l'injustice nous rendant odieux, anime les autres contre nous, & nous expose à souffrir. Cicéron s'éleve ici contr'eux, & demande ce que devra faire le Sage qui se trouve à portée de commettre une injustice sécrete, où il trouveroit à gagner. Il n'est pas possible, répondoient-ils, de s'assurer qu'une injustice, quelque secrete qu'elle puisse être, ne vienne enfin à transpirer. Il n'est pas question, répliquoit Cicéron, de la possibilité, ou de l'impossibilité de la chose ; mais supposant le cas possible, que faut-il faire selon vos principes ? Le pas étoit glissant ; aussi pour l'éviter les Epicuriens donnoient à leurs détours, & répétoient que le cas n'étoit pas possible. Pour vaincre leur opiniâtreté Cicéron suppose un homme assis dans un pré à côté d'un autre homme, dont la mort va le rendre possesseur d'un héritage considérable. Il apperçoit un aspic caché sous l'herbe, prêt à piquer cet homme : doit-il avertir ? Ne doit-il pas avertir ? Il n'a aucun reproche à craindre en ne l'avertissant pas ; qui pourroit le convaincre d'avoir vu l'aspic, & d'avoir négligé d'avertir par pure malice ? Cependant la probité veut qu'il l'avertisse. Il y a donc une probité, indépendante de l'utilité que l'on en retire. Je suppose le même cas dans un homme, qui conformément aux maximes de la droite raison, reconnoit que la probité lui fait un devoir de préserver du danger celui dont la mort lui apporteroit un avantage très-considérable. Cet homme délibere en lui-même. D'un côté la droite raison lui fait connoître qu'il doit avertir, en vertu de ce principe si vrai, si simple, si lumineux, que nous ne devons pas faire aux autres, ce que nous ne voudrions pas qui nous fut fait; il sent qu'il ne peut manquer à ce devoir sans se rendre coupable à ses propres yeux. Si un autre y manquoit, & qu'il le sut, il désapprouveroit sa conduite, & le regarderoit comme un méchant. D'un autre côté il sent que l'amour de son bien être l'invite à ne pas avertir; il lui paroit que c'est agir contre sa propre félicité, que de renoncer à un avantage si considérable, qui s'offre à ses regards. La droite raison ne peut désapprouver l'amour du bien être : la droite raison désapprouve hautement le moyen qui se présente pour y parvenir. Il y auroit donc là une espece de contradiction, qui ne peut subsister dans la nature. S'il y a un moyen de lever cette contradiction, il ne faut pas douter que ce moyen n'existe. Or, le seul moyen propre à la faire disparoître, & à reconcilier la saine raison avec elle-même, c'est de reconnoître pour la Loi naturelle une sanction capable de concilier dans l'amour du bien être le bien moral avec le bien physique.

Qu'on reconnoisse que la Loi naturelle est conforme à la volonté d'un Suprême Législateur, qui en ordonne l'observation, qui l'a préscrite aux hommes dans la vue de les conduire à leur félicité par la voie de la vertu, qui est si conforme à la perfection de leur nature, & qui rendra malheureux à jamais ceux qui s'en écartent, dès-lors l'approbation que notre esprit est contraint de donner à la probité le réconcilie avec l'amour même de notre bien être ; nous sommes assurés que tout plaisir, tout avantage passager qui nous éloigneroit de la vertu que nous approuvons, nous éloigneroit également du bien être, auquel nous aspirons, & toute contradiction s'évanouit.

4. C'est ce qui paroîtra encore plus évidemment dans le cas où l'homme vertueux doit souffrir la mort plutôt que de trahir son devoir. Qu'un homme résiste à l'appas du vice, par les attraits de la vertu, qu'il préfere à une fortune brillante, mais injuste, la satisfaction de jouir de sa vertu, c'est ce qui se conçoit aisément. Juge de son

bien être il préfere le calme, & le consentement de l'ame à tout autre plaisir.

Mais si un assassin veut le contraindre de calomnier un innocent sans peine d'être mis à mort; quel motif pourra l'engager à souffrir la mort, plutôt que de trahir son devoir? La mort va lui ravir la satisfaction qu'il éprouveroit à jouir de sa vertu. Si tout doit mourir pour lui, s'il n'a rien à espérer après cette vie, il est difficile de concevoir comment la considération de son bien être, qui va s'anéantir par sa destruction, pourroit l'engager à sacrifier le soin de sa conservation à son devoir. Cependant la saine raison ne permet pas de balancer. Il est clair qu'il faut souffrir la mort plutôt que de commettre un crime. Les Payens mêmes ont reconnu cette vérité, & dans toutes les Nations chez les peuples Barbares, comme chez les peuples policés, & dans tous les tems on a vu des hommes généreux qui l'ont attestée par leur exemple. Il y a donc dans le fond de la Nature un sentiment noble, & magnanime plus couvert dans les uns, plus élevé dans les autres, qui dicte que l'on doit préférer la vertu à la vie. Ce sentiment nous auroit-il été donné pour nous tromper ? L'homme pourroit-il perdre en s'y conformant ? Ce sentiment précieux ne semble-t-il pas indiquer cette sanction dont nous venons de parler, qui propose la félicité comme le prix de la vertu ? Si cette indication ne se montre que d'une maniere confuse dans ceux qui manquent de lumieres, & d'instruction, elle parut avec éclat dans l'homme du Paganisme qui avoit le mieux cultivé la philosophie, & la raison. Socrate aima mieux subir la mort que de manquer d'obéissance aux Loix de sa patrie. Mais dans ces derniers moments, dont l'Histoire est si touchante, on voit que ce caractere vertueux qu'il soutint avec tant de dignité, étoit fondé sur la haute idée qu'il avoit de la grandeur, & de l'excellence de la Nature humaine il marque à la vérité qu'il ne regardoit que comme des fables ce que les Poëtes racontoient des récompenses, & des supplices de l'autre vie, mais il témoigne la plus ferme assurance sur ce point, que la mort n'est pas égale pour le juste, & pour le méchant.

Cinquiémement, faisons encore cette observation, que les remords de la conscience ne se bornent pas à réprocher le crime à son auteur. Ils le pénétrent encore d'un sentiment confus de trouble, & de terreur; on s'avoue non-seulement coupable, mais digne de châtiment. On a vu des scélérats condamnés sur des faux indices pour des crimes qu'ils n'avoient pas commis, faire un libre aveu d'autres crimes sécrets, sur lesquels on ne les cherchoit pas, & subir le supplice avec résignation, comme une juste punition de leurs forfaits. C'est ce qui a inspiré à tous les peuples l'idée, ou le sentiment confus d'une justice vengéresse, qui poursuit les coupables, & dont les coups sont d'autant plus à craindre, qu'ils sont plus long-tems suspendus. Les différentes images, sous lesquelles les Poëtes l'ont représentée, nous touchent encore aujourd'hui, parce qu'elles reveillent un sentiment qui est dans la Nature.

Ce n'est pas en vain que la Nature a imprimé ce sentiment dans tous les cœurs. Semblables à ces mouvements d'inquiétude, qui agitent un malade dans son lit, ces sentimens moraux qui affectent l'ame avec tant de vivacité, ont sans doute une destination, ils décelent un besoin attaché à notre condition, & nous avertissent de chercher les moyens d'y satisfaire. Oui, ce lien moral qui assujettit notre raison à une Loi que nous ne pouvons méconnoître, Loi supérieure, & immuable qui met un frein à nos facultés physiques, qui nous impose des devoirs, & des obligations que nous ne pouvons violer sans nous reconnoître coupables, & dignes de châtiment, ce lien moral de soumission, & de dépendance nous porte naturellement à tourner nos regards vers un Législateur Suprême, protecteur de la vertu, & vengeur du crime. Ce n'est pas ici le lieu, comme je l'ai déjà dit, de prouver l'Existence de cet Etre Suprême. Vous jugez,

gez, disoit Platon, que je pense par la suite, & l'ordre que vous observez dans mes pensées. Jugez donc par la même raison que cet Univers est l'ouvrage d'une Sagesse infinie. Il ne faut que ce raisonnement, qui n'est en effet que l'expression d'une pensée commune à tous les hommes, pour mettre la plus sublime des vérités à la portée des plus simples.

C'est dans la Sagesse, & dans la Volonté de cet Etre Suprême, qu'il faut chercher la premiere source, & la parfaite sanction des Loix naturelles.

Quand je connois une vérité, que le tout, par ex., est plus grand que sa partie, je ne puis m'empêcher de reconnoître que cette vérité est conforme à la Suprême Intelligence. Quand je juge qu'une société de créatures raisonnables, liées entr'elles par l'exercice pacifique de toutes les vertus sociales, est préférable à un état de désordre, & de confusion, où toutes ces créatures s'acharneroient à leur destruction réciproque, je ne puis m'empêcher de reconnoître que ce jugement est con-

l

forme aux Loix de la Souveraine Sagesse. Une raison souverainement éclairée ne peut que préférer le premier état au second. Un Sophiste pourra me contester cette vérité, s'il a envie de disputer ; mais si sa conscience même pouvoit parler, elle le démentiroit, & me donneroit raison. Qu'au sortir de la dispute, on vienne prier ce Sophiste de dicter un Code de Loix pour un pays éloigné, bien-tôt oubliant ces discours de parade, dont jamais homme n'a été pleinement convaincu, il reviendra aux principes du bon sens, & s'attachant aux maximes d'équité communes à tous les hommes, il s'étudiera de rédiger en un corps les réglemens qu'il jugera les plus propres à maintenir l'ordre & la paix dans la nouvelle société. Combien ne s'applaudiroit-il pas d'avoir su former des Citoyens justes, vertueux & bienfaisans, amis de l'ordre, du travail & de la frugalité, préférant en tout l'intérêt public à leur intérêt particulier ? Si ses réglemens avoient un effet tout contraire, se consoleroit-il par la pensée, que n'y ayant rien en soi de bon & de mauvais, de juste & d'injuste, tout est égal aux yeux d'un Philosophe.

Il n'est donc pas même possible de douter que l'Etre souverainement sage, ne préfére la prudence à la témérité, la modestie à l'orgueil, la libéralité à l'avarice, la justice à l'iniquité, la fidélité au mensonge, la constance à la légéreté. Cela est si vrai, que les impies mêmes ont senti qu'il y avoit une contradiction manifeste à supposer un Dieu menteur, injuste & mal-faisant; qu'ils ont même fait valoir ce principe, & ont tâché, par des applications aussi fausses que malignes, de s'en servir pour attaquer la divinité des Livres Saints. Ici l'iniquité se confond elle-même. Vous dites que Dieu ne peut être menteur, injuste, mal-faisant, & vous dites vrai. D'où vient donc cette assurance? C'est qu'une impression naturelle de raison, & de vérité, contre laquelle vous ne pouvez toûjours être assez en garde, vous fait connoître que le mensonge, l'injustice, la mal-faisance, sont des qualités qui répugnent à l'idée d'un Etre souverainement parfait. Vous sentez que la fidélité, la justice, la bienfaisance sont des qualités conformes à la perfection d'une Nature intelligente, que les contraires l'avilissent, & la dégradent. Voilà donc la différence morale du juste, & de l'injuste, établie de votre aveu de la manière la plus décisive, & la plus convaincante. Vous concevez que Dieu ne peut mentir, ni être injuste, parce qu'étant souverainement parfait, il ne peut démentir la vérité & la justice, qui est essentiellement en lui. Concevez donc aussi qu'une créature raisonnable ne doit ni mentir, ni être injuste, parce qu'elle ne doit rien faire qui blesse la vérité, & la justice, dont elle ne peut se départir sans se dégrader. Cette Loi immuable, qui est en Dieu le fondement d'une heureuse & absolue nécessité à cause de sa souveraine Perfection, devient, dans la créature, le fondement du devoir & de l'obligation la plus indispensable de s'y conformer.

Ainsi la droite raison ne permet pas

de douter que le Suprême Législateur ne veuille que les hommes pratiquent la vertu, & s'abstiennent du vice; & comme nous ne pouvons nous empêcher de reconnoître que par les Loix immuables de la justice, l'une est digne de récompense, l'autre de châtiment ; nous concevons aussi que la volonté de l'Etre Suprême toûjours conforme à l'ordre de la justice, ne sauroit être que le méchant puisse trouver sa félicité dans le crime, ni l'homme juste, son malheur dans la vertu. Sous l'empire d'un Dieu souverainement juste le sort de l'homme, qui a respecté les Loix de la justice, ne doit pas être le même que celui du méchant, qui les a violées. Il faut que le premier trouve le fruit du bien qu'il a fait dans le bien être, qui couronnera sa vertu ; & que le second soit forcé de ressentir le mal de son injustice par la rigueur de sa punition. Du consentement de tout le monde rien ne prouve mieux un mauvais gouvernement, que de voir l'homme vertueux réduit à plaindre son sort, tandis que le méchant prospere ; c'est ce qui ne peut arriver sous l'Empire de Dieu, preuve certaine des récompenses & des peines d'une vie à venir, dans lesquelles toutes les Nations de l'Univers, sauvages & policées ont reconnu, ou du moins entrevû la sanction la plus complete des devoirs qu'imposent les maximes pratiques de la droite raison.

DISCOURS IX.

Dispositions de l'esprit & du cœur à l'égard des Loix naturelles, dans l'état présent de la Nature.

Tous les hommes connoissent les principes généraux de la morale; tous savent qu'ils ont des devoirs à remplir, & qu'il y a une distinction à faire entre le bien & le mal. Parcourez le monde pour apprendre aux hommes qu'il ne faut pas faire aux autres ce qu'on ne voudroit pas qu'on nous fît; qu'il est juste de récompenser les bonnes actions, & de punir les mauvaises; partout on vous dira que vous n'apprenez rien de nouveau, qu'on savoit cela avant vous, & aussi-bien que vous.

Vous reconnoîtrez néanmoins que les hommes sont sujets à de très-grandes erreurs, dans l'application de ces maximes générales aux cas particuliers. En certains Pays on tue les malades, qu'on désespere de guérir, pour abréger leurs souffrances : & différens peuples vous présenteront, à d'autres égards, des usages tous différens, & tous également extravagants. Quelques Sophistes ont conclu de ces usages qu'il y avoit des Nations entieres, dénuées de toute idée du juste, & de l'injuste. Rien de plus déraisonnable que cette conclusion. Un des plus grands Géométres qu'il y ait eu depuis Archiméde jusqu'à Newton, a cru avoir trouvé la quadrature du Cercle. O Sophiste ! Direz-vous que ce Géométre n'avoit pas l'idée de l'égalité ? Deux Mathématiciens disputent sur l'effet d'une machine proposée, direz-vous qu'ils ignorent le principe de l'équilibre ? Autre chose est ignorer un principe, autre chose est le mal appliquer aux cas particuliers. Le Géométre savoit sans doute ce que c'est que l'égalité, mais il se trompa dans l'application qu'il en fit à deux quantités qu'il crut égales, & qui ne l'étoient pas. Le Scythe, ou autre qui tue un malade pour abréger ses souffrances, sait que la bienfaisance vaut mieux que la méchanceté. Son erreur est non dans le principe, mais dans l'application qu'il en fait. Tous les jours on dispute parmi nous de la justice, ou de l'injustice d'une prétention. Deux Jurisconsultes nous donnent quelquefois sur le même cas deux avis différents. Ont-ils pour cela une différente idée de la justice ? Point du tout : c'est qu'ils ne conviennent pas au sujet des circonstances particulieres, qui en doivent déterminer l'application au cas proposé.

Ainsi toutes ces Histoires, que tant de Sophistes ont si soigneusement rassemblées pour prouver qu'il n'est aucune idée de moralité commune à tout le Genre-humain, ne prouvent aucunement qu'il y ait des Peuples assez dépourvus de sens, & de raison pour ignorer entiérement les principes généraux de la Loi naturelle, ou de la morale ; elles ne prouvent autre chose, sinon que les hommes sont extrêmement sujets à s'égarer dans l'application qu'ils en font aux maximes communes de la vie ; & ce qu'il importe extrêmement de remarquer, c'est qu'un savoir mal dirigé ne produit pas moins d'erreurs en ce genre, que le simple défaut de lumières & d'instructions.

Tous les hommes ont aussi une inclination générale au bien moral, qui les porte naturellement à le suivre, lorsqu'ils n'ont point de motif particulier qui les en détourne. Cette inclination, se montre dans l'approbation que l'on donne aux actions vertueuses, & dans l'aversion que l'on témoigne pour les mauvaises. Les premieres se présentent sous un aspect agréable, qui plaît, & qui suffit par lui-même pour déterminer l'esprit à y acquiescer. Les autres ont toujours par elles-mêmes un aspect odieux, & ce n'est que la vue trompeuse d'un plaisir, ou d'un avantage apparent qui les accompagne, qui détermine l'esprit à s'y livrer. On rencontre un inconnu sur sa route, qui demande quel chemin il doit tenir ; on se fait un plaisir de le lui montrer. S'il n'y avoit aucun principe de morale, & de bienfaisance dans le cœur humain, on seroit aussi peu touché de la prière de cet homme, que du cri d'un oiseau qui passe ; on se sentiroit dans une totale indifférence à lui montrer, ou à ne pas lui montrer son chemin, à le bien adresser, ou à l'égarer. Mais il n'est point d'homme qui ne se fît un reproche d'avoir trompé, ou d'avoir manqué d'assister son semblable dans une chose si aisée, & qui ne se sache bon gré de lui avoir rendu ce petit service. Tel est l'effet de l'inclination naturelle au bien moral, quand elle n'est pas détournée par un motif particulier. Dans le cas proposé, la seule vûe de l'acte de bienfaisance qui se présente, est une vûe agréable qui porte l'esprit à la suivre ; mais si l'inconnu s'adresse à un voleur, & que celui-ci se laisse tenter par l'espoir d'un coup de filet, il tâchera sans doute de l'attirer dans le bois pour profiter de sa dépouille. Mais le voleur même ne trouve pas un attrait dans le mal qu'il fait à son prochain, comme l'honnête homme le trouve dans le bien qu'il lui fait, ce n'est que l'appât du gain qui le détermine à surmonter la répugnance qu'il auroit eu en toute autre occasion d'égarer ce pauvre voyageur : en jouissant du profit qu'il a fait, il avouera, s'il veut parler sincérement, qu'il désapprouve l'action qui le lui a procuré.

Ainsi quoique l'homme ne puisse ignorer les principes généraux de la morale, & qu'il soit naturellement porté à s'y conformer, il a néanmoins dans l'état présent de la Nature deux terribles ennemis à combattre pour devenir vertueux, l'ignorance & la passion, l'erreur & la cupidité. D'où il suit évidemment que la simple Loi naturelle ne suffit pas pour conduire les hommes à la vertu, & au bonheur, pour garantir & protéger les bons contre la violence & l'injustice des méchants, ni pour maintenir l'ordre, & la paix dans l'état de société, sans laquelle le genre humain ne sauroit subsister. D'un côté les hommes sont sujets à une infinité d'erreurs dans les conséquences, qu'ils tirent des principes généraux de la Loi naturelle, dans les applications, qu'ils en font aux cas particuliers, dans les jugemens, qu'ils portent de leur étendue, & de leur sanction; d'un autre côté ils sont dominés par mille passions particulieres, qui les poussent très-souvent à violer les devoirs connus, & à faire le contraire de ce qu'ils louent & qu'ils approuvent; vivement affectés par l'impression d'un bien présent, qui les flatte, ils ne sont que foiblement touchés de la crainte d'un mal, qu'ils n'envisagent que dans le lointain.

L'homme si peu capable de se conduire avoit donc besoin d'un double frein; de la Religion, pour le garantir de l'erreur, & le conduire plus efficacement au bien; d'un gouvernement, pour établir l'ordre dans la société, & réprimer la violence des injustes, & des méchans.

DISCOURS X.
Nécessité de la Religion.

MOrtel, qui vous soulevez contre la Religion, arrêtez-vous un moment, & demandez-vous à vous-même, où vous prétendez aller en secouant le joug salutaire, qu'elle vous impose. Le courtisan philosophe Cyneas, qui avoit accompagné Pyrrhus en Italie, étaloit un jour en présence de Fabricius les dogmes d'une Secte, qui nioit la Providence, & faisoit consister le souverain bien dans la volupté. Le sage Romain pénétra d'un coup d'œil les conséquences d'une doctrine si nouvelle pour lui, & pria les Dieux d'inspirer toûjours de telles pensées aux ennemis de Rome.

Cette doctrine se répand dans la Grèce, & y répand avec elle l'esprit d'irréligion. C'est à cette cause que Polybe, l'homme du monde, qui a le mieux jugé des événemens passés, & le mieux prévu les événemens futurs, attribue l'énroyable dépravation des mœurs qui infecta la Patrie, & cette totale extinction de vertu, qui fut suivie d'une prompte décadence, & de ce honteux avilissement, où elle gémit depuis deux mille ans.

La contagion pénétre dans Rome; écoutons là dessus Mr. de Montesquieu (*Consid. sur les causes de la gr. Ch. X.*): „ Je crois, dit-il, que la Secte d'Epi-
„ cure, qui s'introduisit à Rome sur la
„ fin de la République, contribua beau-
„ coup à gâter l'esprit & le cœur des
„ Romains. „

L'Auteur du Dictionnaire philosophique (*art. Athée*) dit: „ que les Epicu-
„ riens étoient persuadés que la divi-
„ nité ne pouvoit se mêler des affaires
„ des hommes, & que dans le fond
„ ils n'admettoient aucune divinité;
„ ils étoient convaincus que l'ame n'est
„ point une substance, mais une fa-
„ culté, qui naît, qui périt avec
„ le corps, par conséquent ils n'avoient
„ aucun joug que celui de la Morale
„ & de l'honneur. (Nous verrons bien-

tôt ce que peut ce joug fur les Athées)
„ Les Sénateurs & les Chevaliers Romains
„ étoient de véritables Athées ; car les
„ Dieux n'exiſtoient pas pour des hom-
„ mes qui ne craignoient, ni n'eſpé-
„ roient rien d'eux. Le Sénat Romain
„ étoit donc réellement une aſſemblée
„ d'Athées du temps de Céſar & de
„ Ciceron.

Il ajoute : „ que le Sénat de Rome
„ étoit preſque tout compoſé d'Athées
„ de Théorie, & de Pratique, c'eſt à
„ dire qui ne croioient ni à la Provi-
„ dence, ni à la vie future ; ce Sénat
„ étoit une aſſemblée de Philoſophes,
„ de voluptueux & d'ambitieux, tous
„ très-dangereux & qui perdirent la
„ République. " Voilà ce que font les
Philoſophes Athées, qui ne croient ni à
la Providence ni à la vie future, & qui
n'ont d'autre joug que la Morale, &
l'honneur.

Rien de plus conſtaté par les témoi-
gnages des Ecrivains contemporains que
l'affreuſe corruption qui ſuivit cette Secte par tout où elle ſe répandit, &
qui devint pour ainſi dire dominante

dans

dans le temps que douze Pêcheurs de Judée accomplissoient l'ordre étonnant qu'ils avoient reçu de leur Maître, de parcourir l'Univers & d'attirer tous les Peuples de la terre à l'obéissance de l'Evangile.

Mortel, qui vous glorifiez d'avoir secoué le joug de la Religion, daignez vous arrêter encore ici un moment, pour donner un coup d'œil sur la peinture aussi vraie que frappante que l'un des premiers Apôtres du Christianisme a tracée dans ses écrits, des maux affreux que l'esprit d'irréligion produisit en ce temps là & de l'opprobre dont il couvrit l'humanité. J'ay tâché d'en rassembler les principaux traits dans le précis que je vous présente. Les perfections invisibles de Dieu, sa Puissance, & sa Divinité se sont manifestées dès l'origine du monde par les œuvres de la création. Les hommes n'ont pû méconnoître le témoignage éclatant que les créatures rendent au Créateur sans se rendre inexcusables. C'est pourtant ce témoignage que des hommes vains, enivrés de l'idée d'une fausse sagesse, se

m

sont efforcés de combattre. Toute connoissance de Dieu ne leur a pas manqué; mais s'égarant en de vains raisonnemens, ils se sont attachés à combattre & à rejeter la notion de sa Providence bienfaisante, ils ont voulu s'affranchir de tout hommage envers lui, & comblés des dons de sa libéralité, ils ont cru ne lui rien devoir. C'est ainsi qu'en aspirant à une haute sagesse, ils sont tombés dans l'égarement le plus insensé. Quels ont été les fruits de cette prétendue sagesse? Où les ont conduits ces pensées libres, auxquelles ils se sont livrés après s'être affranchis de tout lien envers la Divinité?

1. Ils se sont livrés à des excès monstrueux de libertinage, & à des rafinemens de volupté déshonorans pour le genre humain. On en trouve les preuves dans Suetone, Tacite, Senéque, & Juvenal. Ces excès étoient devenus si communs qu'on s'y livroit sans retenue & sans honte; il n'y eut que les Goths & les autres Peuples septentrionaux qui en furent épouvantés, quand ils se jetérent sur les Provinces de l'Em-

pire. Mais au milieu de ce débordement universel on auroit de la peine à trouver un Philosophe parmi les Epicuriens même qui ait entrepris de faire sérieusement l'apologie de la débauche. La Secte d'Epicure en établissant le souverain bien dans la volupté, conduisoit l'homme par un penchant très glissant jusques sur le bord du précipice; (je veux dire, de cet affreux libertinage) mais elle ne l'y enfonçoit pas. Cette Philosophie s'est perfectionnée de nos jours, elle est parvenue à justifier la licence des mœurs; on a prétendu couvrir ou effacer la tache imprimée au libertinage, en la décorant du nouveau nom de *corruption religieuse*, qui n'offensant, selon l'Auteur, que la Religion & nullement les devoirs civils, fait assez connoître aux initiés ce qu'ils en doivent penser.

2. Concentrés en eux mêmes par l'attrait & la jouissance du plaisir sensible qui les affecte, ils apprennent bientôt à ne s'aimer que dans eux mêmes; ils perdent insensiblement ces doux sentimens d'affection, de bienveillance & de

pitié qui lient l'homme à son semblable & lui font partager ses plaisirs & ses peines. Ils ne pensent qu'à jouir de la vie & peu leur importe des autres. Tels furent ceux dont parle l'Apôtre, hommes insensés, sans affection, sans fidelité, sans compassion. Tels sont encore aujourd'hui les effets de la fausse Philosophie, si nous en croyons un Ecrivain (*Disc. de l'inégal. p. 73.*) qui a été à portée de la connoître : il lui reproche de replier l'homme uniquement sur lui même & de l'isoler. C'est par elle qu'il dit en secret à l'aspect d'un homme souffrant, péris si tu veux, je suis en sureté. On peut impunément égorger son semblable sous sa fénétre, il n'a qu'à mettre les mains sur ses oreilles & s'argumenter un peu, pour empécher la nature qui s'éveille en lui de s'identifier avec celui qu'on assassine.

3. Ces hommes qui n'aimoient qu'eux mêmes devinrent superbes & hautains, envieux de ceux qui étoient au-dessus d'eux, méprisant tout ce qui étoit au-dessous. C'est ce que doit être nécessairement tout homme qui rapporte tout à soi.

4. Pleins d'orgueil & de dédain ils se firent gloire de braver les devoirs de bienséance, si convenables à des créatures sociales, par lesquels on témoigne aux autres qu'on les estime & qu'on les considére. Des hommes si élevés au-dessus de la sphére commune laissent aux ames vulgaires cet assujettissement servile trop indigne d'eux.

5. N'aimant qu'eux, ne connoissant d'autre règle que le plaisir & l'intérèt, n'ayant aucun frein de Religion, ils devinrent avares, méchans, fourbes, trompeurs, médisans, semeurs de faux rapports, ingénieux à trouver de nouveaux moyens de faire le mal. Ils perdirent tout sentiment de reconnoissance, d'amour, de respect, d'obéissance envers leurs Péres & Méres; en ne les envisageant que comme des surveillans incommodes, auxquels ils croyoient ne rien devoir. Tel est l'esprit de l'irréligion dans tous les temps. Quand on croit ne rien devoir à Dieu, on ne s'imagine pas aisément qu'il y ait des gens qui soient comme ses Lieutenans sur la terre & auxquels on

doive de l'obéissance, en vertu de l'ordre établi de Dieu même. L'audace confond tout & ne respecte rien.

6. Enfin ils se livrèrent à ces excès avec d'autant plus d'emportement que rejetant par un aveuglement volontaire la crainte des jugemens futurs, fondée sur la justice d'un Dieu vengeur du crime, ils ne voulurent pas comprendre que ceux qui commettent de tels forfaits, se rendent dignes de mort aux yeux du souverain Juge.

Homme sans Religion, reconnoissez ici de sang froid les fruits de cette façon de penser que vous qualifiez du nom de sagesse & dont vous étes si jaloux. Rentrez en vous même; si vous connoissiez un homme parfaitement convaincu des principes que vous tâchez de vous persuader, oseriez-vous prendre en lui une pleine confiance ? Ecoutez encore un Ecrivain qui ne doit pas vous être suspect; c'est l'Auteur du Dictionnaire Philosophique (*art. Athée*). ,, Je ne voudrois pas, dit-
,, il, avoir à faire à un Athée qui
,, trouveroit son intérêt à m'empoison-

„ ner ; il me faudroit prendre au ha-
„ zard du contrepoison tous les jours.
„ Il est donc absolument nécessaire pour
„ tout le monde, que l'idée d'un Etre
„ suprême Créateur, Gouverneur, Ré-
„ munérateur & Vengeur soit profon-
„ dément gravée dans les esprits. " Je
vous vois ici reculer d'effroi, vous vous
récriez sur la calomnie, vous dites que
vous réconnoissez un Etre suprême &
qu'affranchi des préjugés du vulgaire
vous professez le Théïsme, la seule
Religion qui soit digne d'un Etre qui
pense. Il ne s'agit point ici d'adoucir
les termes par forme de compliment,
on ne dispute contre personne en particulier. Répondez-moi donc, en admettant un Etre suprème, admettez-vous
aussi une Providence particulière & une
vie future ? Croyez-vous que ce Dieu
veille sur toutes les actions des hommes, qu'il en tienne compte, & qu'il
ait préparé dans une autre vie des récompenses pour les justes, des supplices
pour les méchans ? Ou bien etes-vous du
nombre de ces Théïstes, tels qu'il en
est plusieurs au rapport de Mr. Hume

(*Hist. Natur. de la Relig.* p. 51.), „ &
„ même des plus zélés & des plus éclai-
„ rés, qui nient la Providence parti-
„ culière. Selon eux, dit-il, la souve-
„ raine Intelligence, qui est le premier
„ principe de tout ce qui existe, con-
„ tente d'avoir fixé les loix générales
„ dont la nature ne peut jamais s'écar-
„ ter, lui laisse d'ailleurs un cours li-
„ bre. " N'admettre que la divinité
d'Epicure, ou reconnoître une Intelligence suprême qui après avoir donné
le branle à l'Univers, ne se mêle plus
de rien, c'est au fond la même chose
pour ce qui concerne la conduite de
la vie. L'Auteur du Dictionnaire Philosophique nous apprend que les Sénateurs, & les Chevaliers Romains étoient Athées, parceque les Dieux n'exi-
stoient pas pour des hommes qui ne
craignoient ni n'espéroient rien d'eux:
convaincus qu'ils étoient que l'ame périt avec le corps, ils n'avoient aucun
joug de Religion, ils n'avoient que
celui de la Morale & de l'honneur,
ce qui forma une assemblée de Philosophes, Athées de théorie & de pra-

tique, ne croyant ni à la Providence ni à la vie future, & conséquemment voluptueux, ambitieux, très-dangereux qui perdirent enfin la République.

En vain vous vous parez du spécieux nom de Théïste. Si vous n'admettez une Providence particulière & une vie future, si vous n'êtes pas persuadé que Dieu souvérainement juste récompense les bonnes actions, & punit les mauvaises, même dans une autre vie, le Dictionnaire Philosophique vous convainc de l'Athéïsme le plus dangereux, de l'Athéïsme qui infecta les Sénateurs, & les Chevaliers Romains du temps de César & de Ciceron, & qui perdit la République.

Mais, dites-vous, Epicure n'admettoit qu'une divinité de nom; & moi Théïste éclairé sans reconnoître aucune Providence particulière, j'admets une souveraine Intélligence qui a fixé les loix de la nature. O Théïste, vous avez lieu de vous féliciter de réconnoître une souveraine Intélligence, où Epicure n'admet qu'une Divinité de nom. Votre principe est vrai, celui d'Epicure est faux ; comment donc peut-il arriver qu'en partant de principes si opposés vous alliez vous rencontrer dans les mêmes erreurs ? Il n'est pas étonnant qu'Epicure ait déduit une erreur d'un faux principe, mais que la verité entre vos mains conduise à la même erreur, ce ne peut être que par un grand défaut de justesse dans vos raisonnemens. Epicure ne réconnoissant réellement aucune souveraine intelligence, & n'admettant qu'un hazard aveugle, raisonnoit conséquemment à ce faux principe, en n'admettant ni Providence particulière, ni vie future ; sera-ce donc raisonner conséquemment que de tirer la même conclusion d'un principe tout opposé, c'est à dire, de l'existence réconnue d'une souveraine Intelligence qui a fixé les loix de l'Univers ? Cette souveraine Intelligence n'est-elle pas le principe des créatures raisonnables ? Et si elle a établi des loix si sages dans l'ordre physique, aurat-elle oublié de donner aux créatures raisonnables des loix conformes à la raison dont elles a douées ? Dites-moi donc, o Théiste, une Nature très-intelligente & très-sage, qui seroit chargée de donner des loix à des créatures raisonnables, n'auroit-elle aucun égard à la justice & à l'injustice de leur conduite?

N'approuveroit-elle pas les actions justes ; ne désapprouveroit-elle pas les injustes ; ne jugeroit-elle pas les premières dignes de récompense, les autres dignes de punition, & ne feroit-elle pas en sorte, si la chose dépendoit d'elle, que l'observation de la justice conduisît au bonheur, & que la révolte contre l'ordre de la justice fut réprimée & punie par des châtimens proportionnés à la dépravation? Vous ne pouvez-vous empêcher, o Théïste, de concevoir que c'est ce que feroit un homme sage , parce que vous voyez clairement qu'il ne pourroit agir autrement, sans cesser d'être sage ; or craignez-vous de fatiguer la souveraine Intelligence en lui attribuant la connoissance de toutes les actions des hommes? Si elle est souveraine, il est de sa nature de tout connoître; & si elle les connoît, quel soin plus digne de sa

Sagesse que de les récompenser & de les punir? Croyez-vous de bonne foy que par une suite de l'ordre physique établi dans l'Univers le juste & l'injuste trouvent toûjours des récompenses & des peines parfaitement proportionnées à leurs mérites? Vous n'oseriez le dire? Et pourquoi donc nierez-vous une vie future? Quoi, dites-vous, devrai-je admettre l'immortalité de l'ame? Les Philosophes ne se moquent-ils pas des preuves que l'on en a données jusqu'ici? Je ne sai pourquoi les Philosophes réjettent les preuves qu'on en a données, mais il est bien constant qu'il ne se flattent pas eux mêmes d'avoir jamais démontré la mortalité de l'ame. Quand vous pourriez vous aveugler sur les preuves que les opérations de l'ame fournissent de son immatérialité, la considération des loix de la suprême Justice ne vous donne-t-elle pas tout lieu de penser que si Dieu a pu rendre l'ame immortelle, il a sans doute préparé dans une autre vie l'ordre des récompenses & des châtimens qui doivent accompagner la vertu & le vice?

O Théiste, vous ne pouvez contester aucune de ces propositions, sans vous rapprocher de la divinité d'Epicure, & sans dépouiller la souveraine Intelligence de quelque attribut compris dans l'idée d'un être souverainement sage. Vous ne pouvez reconnoître de bonne foi un Dieu souverainement Puissant, souverainement Sage, sans le reconnoître comme Rémunérateur & Vengeur. Le principe d'une souveraine Intelligence que vous admettez, vous conduit par une liaison nécessaire à cette idée, qui est d'ailleurs gravée dans tous les esprits, & sans laquelle les hommes pourroient croire qu'ils sont placés au hazard dans ce monde, forcés de reconnoître le bonheur indépendant de ce qui fait la perfection d'une créature raisonnable, destinés quelquefois à être malheureux par la vertu, & portés au bonheur par le vice.

O Théiste, oseriez-vous avouer un tel système en reconnoissant un Dieu ? Si ce Dieu voit vos pensées, comme il les voit, s'il est Dieu, ne sentez-vous pas combien vous le déshonnorez en lui attribuant une conduite, que vous regardériez comme indigne d'un homme sage qui présideroit à l'Univers. Ne le reconnoîtriez-vous donc que pour le blasphémer?

Mais si l'idée de la souveraine Intelligence conduit nécessairement à l'idée d'une Providence particulière, si Dieu connoît les actions des hommes, s'il les récompense & les punit; que trouvez-vous de révoltant dans l'idée d'une révélation? Si par un effet de sa Providence particulière Dieu récompense ou punit chaque homme du bien ou du mal qu'il a fait; quoi de plus conforme à l'idée de cette Providence que Dieu ait voulu manifester aux hommes d'une manière plus expresse ses volontés & ses loix, pour les attacher plus particulièrement au culte qu'ils lui doivent, & les porter plus efficacement au bien, en leur dévoilant l'ordre de sa Providence à leur égard. L'idée de la révélation n'a rien de rébutant que pour un homme qui conçoit Dieu comme un Architecte qui arrange une machine & n'y pense plus. Mais cette idée est contradictoire, il n'y a qu'une souveraine Intelligence qui ait pu être l'Architecte de l'Univers & la souveraine Intelligence n'oublie pas son ouvrage. On diroit que dans le sentiment de ces Théïstes le Créateur de l'Univers ressemble au Fondateur d'une Ville qui se contenteroit de tracer un plan régulier pour la construction & l'arrangement des édifices publics & particuliers, & qui après y avoir introduit des habitans, leur laisseroit le soin de s'arranger entr'eux & régardéroit comme au dessous de lui de leur prescrire des loix & de veiller sur leur conduite. Tel n'est point le caractère d'une intelligence vis-à-vis d'autres intelligences; & telle par conséquent ne sauroit être la conduite de la suprême Intelligence à l'égard des créatures raisonnables, qu'elle a fait capables de la connoître & de s'unir à elle par la connoissance & par l'amour.

Les besoins de l'homme sembloient implorer cette révélation, toute gratuite de la part de Dieu, & très-conforme à sa bonté. Une certaine notion, un sentiment du moins confus d'une Providence & d'une vie future est inséparable de la nature humaine. Une certaine idée foncière d'ordre & de justice fait également sentir a tous les hommes, que la félicité, à laquelle ils tendent, doit être le prix de la vertu. La plûpart des hommes n'ont ni le loisir ni le talent pour suivre ces premières notions & les développer d'une manière propre à les conduire. Le Philosophe le plus éclairé du Paganisme a reconnu comme une vérité certaine que la mort ne pouvoit être égale pour le juste & pour l'injuste ; mais il avoue en même temps qu'il n'y a qu'un homme envoyé de Dieu qui puisse apprendre aux hommes quel doit être leur état après cette vie , & dissiper les nuages, les doutes, les incertitudes qui s'élèvent dans l'esprit humain sur un sujét, qui interesse si essentiellement le bonheur de l'homme , & qui doit décider de sa conduite.

Tous les hommes sentent aussi qu'ils ont des dévoirs à remplir envers Dieu, envers eux mêmes, envers les autres;

mais dans l'homme abandonné à ſes lumières, ces devoirs ſont très-ſouvent pervertis, comme nous l'avons vu, par l'ignorance & la cupidité. Les Philoſophes mêmes, les Légiſlateurs les plus ſages, qui ont fait des ſyſtèmes de Morale, ont tous mêlé quelque erreur aux vérités utiles qu'ils ont enſeignées. L'Académie, le Portique, le Lycée ont payé ce tribut à la foibleſſe de l'eſprit humain. La liberté du choix n'en a pas exempté ceux qui faiſoient profeſſion de l'éclectiſme. Des Ecrivains célébres qui dans ces derniers temps ont entrepris de réduire en Corps de Science tout le ſyſtéme du Droit naturel, ſe ſont égarés en pluſieurs points; & Barbeyrac a relevé des erreurs capitales dans Pufendorff. Une ſi longue expérience doit nous convaincre qu'un Corps de Morale exempt de toute tache eſt un ouvrage qui ſurpaſſe la portée de l'eſprit humain. Il ne falloit rien moins qu'une révélation pour former le recueil complet des vérités appartenantes à la régle des mœurs, pour les mettre à portée de tous les eſprits, pour les revêtir du sceau de l'autorité nécessaire pour les faire recevoir & respecter, & y joindre en même temps des motifs capables de porter les hommes non-seulement à pratiquer la vertu, mais à la faire aimer; non-seulement à fuir le vice, mais à le faire abhorrer.

Tel est évidemment le caractère de la Morale Chrétienne. Est-il une erreur dont on puisse l'accuser? Est-il une vérité utile qu'elle n'enseigne? Est-il une vertu dont elle ne marque l'objet, les devoirs & la mesure? Qu'on observe la Morale Chrétienne, la paix régnera dans le cœur de l'homme, dans les Familles, dans les Royaumes, sur toute la face de la terre. L'esprit qui l'anime n'est autre que l'esprit de Charité, une bienveillance générale qui se répand de proche en proche, qui embrasse tout le Genre-humain, qui n'exclut ni étrangers, ni inconnus, ni ennemis, ni la foule des tracassiers, des suffisans, des envieux, de ces hommes si peu aimables, & qu'il seroit très-difficile d'aimer, si on ne faisoit réfléchir sur eux l'amour qu'on doit au Père Céleste dont ils sont les enfans. Cette bienveillance générale a néanmoins des gradations correspondantes aux différens degrés de proximité qui lient les hommes ; d'où résulte l'ordre, la distinction, la variété des devoirs qui attachent l'homme à sa famille, à sa Patrie, à ses proches, à ses amis, & le font concourir à leurs intérêts, sans préjudice des devoirs de l'humanité.

O Théïste, vous avez pû reconnoître dans le témoignage de l'Apôtre que je vous ai cité, la peinture fidelle des fruits que produisit autrefois cette Sagesse qui rejette la Providence particulière & la Vie future. Vous êtes à portée de voir si le renouvellement de cette prétendue Sagesse ne tend pas encore aujourd'hui à produire les mêmes fruits. Daignez jeter un coup d'œil sur les enseignemens d'une doctrine que vous traitez de folie ; je les tirerai du même Apôtre ; voyez, comparez & jugez.

La Miséricorde gratuite de Dieu notre Sauveur (*ad Tit. C.* 2.) s'est manifestée à tous les hommes, & elle nous apprend qu'ayant renoncé à l'impiété & aux passions mondaines, nous vivions dans le siécle présent avec tempérance, avec justice & avec piété, dans l'attente de notre bonheur éternel.

C'est pourquoi marchez dignement dans la vocation, à laquelle vous avez été appellés, comme formans un seul Corps dont les membres ont différentes fonctions & s'entr'aident tous entr'eux.

Haïssez le mal, (*ad Rom.* 12. 13.) attachez-vous au bien. Aimez-vous comme des frères, prévenez-vous les uns les autres par des honnêtetés réciproques.

Remplissez vos devoirs avec zéle, promptitude & ferveur, comme servans Dieu.

Que l'espérance soutienne votre joie, que cette joie soutienne votre patience dans les maux, & votre persévérance dans la priére.

Soulagez vos frères dans les besoins, aimez à exercer l'hospitalité.

Bénissez ceux qui vous persécutent, bénissez-les & gardez-vous de leur souhaiter du mal.

Réjouissez-vous avec ceux qui sont dans la joie, pleurez avec ceux qui pleurent. Ne rendez à personne le mal pour le mal. Ayez soin de faire le bien non-seulement devant Dieu, mais aussi devant les hommes.

Vivez en paix avec tout le monde, autant qu'il est en vous.

Ne vous vengez point, laissez la vengeance à Dieu. Si votre ennemi a faim, donnez-lui à manger; s'il a soif, donnez-lui à boire.

Ne vous laissez point vaincre par le mal, mais travaillez à vaincre le mal par le bien.

Que toute personne soit soumise aux puissances supérieures; car il n'y a point de puissance qui ne vienne de Dieu, & c'est lui qui a établi celles qui sont sur la terre. Ainsi celui qui résiste à la puissance, résiste à l'ordre de Dieu. Soyez donc soumis, non-seulement par la crainte du châtiment, mais aussi par devoir de conscience.

Rendez à chacun ce qui lui est dû; le tribut à qui vous devez le tribut; les impôts à qui vous devez les impôts; la crainte à qui vous devez de la crainte; l'honneur à qui vous devez l'honneur. Ne demeurez redevables de rien à personne, que de l'amour que vous vous devez les uns aux autres. Je vous avertis de ne plus tenir une conduite semblable à celle des Gentils (qui se laissent guider par la vanité de leurs pensées, dont l'entendement est obscurci par les ténèbres de l'erreur, dont la vie est entièrement éloignée de la voie de Dieu) qui n'espérant rien après cette vie, se livrent aux passions les plus infames & à l'avarice.

Renoncez au mensonge : ne cherchez point à vous tromper dans le commerce de la vie : que chacun parle à son prochain le langage de la vérité, car nous sommes tous membres d'un même Corps.

Prenez garde que la colère ne vous fasse pécher : que le soleil ne se couche point sur votre colère.

Que celui qui déroboit, ne dérobe plus; mais qu'il travaille de ses mains à quelque ouvrage bon & honnête, pour avoir de quoi donner à celui qui est dans l'indigence.

Que nulle mauvaise parole ne sorte de votre bouche, qu'il n'en sorte que de bonnes & d'édifiantes, pour porter au bien ceux qui vous écoutent.

Que toute aigreur, tout emportement, toute indignation, toute clameur, tout blasphème, toute méchanceté soit bannie d'entre vous.

Que l'impudicité ne soit pas même nommée parmi vous, non plus que l'avarice ; qu'on n'entende ni propos licentieux, ni bouffonneries, ou autres impertinences.

Conduisez-vous en enfans de lumière, & sachez que le fruit de la lumière consiste en toute bonté, toute justice & toute vérité.

Conduisez-vous avec circonspection, non comme des imprudens, mais comme des hommes sages, & rachetez le temps.

Ne soyez pas indiscrets, & ne vous laissez pas aller aux excès du vin, qui est une source de dissolution.

Soyez toujours dans la joie, en notre Seigneur, je le répète, soyez toujours dans la joie, que votre modestie soit connue de tout le monde.

Ne vous inquiétez point, mais en toutes choses présentez à Dieu vos prières accompagnées d'actions de graces.

Que tout ce qui est véritable, tout ce qui est honnête, tout ce qui est doux & aimable, tout ce qui est édifiant, tout ce qui est louable dans une conduite bien réglée, bien disciplinée, soit l'objet de vos pensées.

Revêtez-vous, comme étant élus de Dieu, saints & bien-aimés, d'entrailles de miséricorde, de bonté, d'humilité, de douceur, de patience, vous supportant les uns les autres, chacun remettant à son frère tous les sujets de plainte qu'il pourroit avoir contre lui, & vous entre-pardonnant comme le Seigneur vous a pardonné.

Femmes, soyez soumises à vos maris, ainsi qu'il le faut, devant le Seigneur.

Maris, aimez vos femmes, & conduisez-vous sans amertume à leur égard.

Enfans, obéissez à vos Pères & à vos Mères. Car cela est agréable au Seigneur.

Pères, n'irritez pas mal à propos vos enfans, de peur de les jeter dans le découragement.

Serviteurs, obéissez à vos Maîtres, ne les servant pas à l'œil, comme si vous n'aviez qu'à plaire aux hommes, mais avec simplicité de cœur, & comme craignans Dieu. Faites de bon cœur tout ce que vous faites, comme servans Dieu & non les hommes.

Maîtres, rendez à vos serviteurs ce qui est de la justice & de l'équité, sachant que vous avez un Maître dans le Ciel, aussi-bien qu'eux.

Que l'on fasse des supplications, des prières, des actions de graces pour tous les hommes, pour les Rois, & pour tous ceux qui sont élevés en dignité, afin que nous menions une vie paisible & tranquille en toute piété & honnêteté.

Ne reprenez point durement un homme avancé en âge, mais exhortez-le, comme s'il étoit votre Père ; les jeunes hommes, comme vos frères; les femmes âgées, comme vos mères; les jeunes, comme vos sœurs, & avec toute pureté.

Enseignez aux vieillards à être sobres, honnêtes, prudens, à se conserver purs dans la Foi, dans la Charité & dans la Patience.

Apprennez aux femmes avancées en âge à montrer dans leur extérieur une sainte modestie, à n'être ni médisantes, ni sujettes au vin, à donner de bonnes instructions, afin qu'elles apprennent aux jeunes femmes à se conduire sagement, à aimer leurs maris & leurs enfans, à être bien réglées, pures, attachées à leur ménage, bonnes, soumises à leurs maris, afin que l'on ne blasphéme pas la parole de Dieu.

Exhortez de même les jeunes hommes à être bien réglés.

Si quelqu'un n'a pas soin des siens, & particulièrement de ceux de sa maison, c'est comme s'il renonçoit à la Foi, & il est en cela pire qu'un infidéle.

C'est un grand trésor que la piété

avec ce qui suffit pour vivre. Ayant donc de quoi nous nourrir, & de quoi nous vêtir, soyons contens.

L'amour de l'argent est la racine de tous les maux, & quelques-uns s'en laissant posséder, se sont égarés de la Foi, & se sont tourmentés eux mêmes par une infinité de chagrins.

Prescrivez aux riches de ne pas trop s'élever dans leurs pensées, de ne pas mettre leur confiance en des richesses incertaines, mais dans le Dieu vivant, qui fournit abondamment à nos besoins. Prescrivez-leur d'être bienfaisans, de se rendre riches en bonnes œuvres, de donner volontiers de leur abondance, & de faire part de leurs biens à ceux qui en manquent ; de se faire ainsi un trésor & un fondement solide pour la vie éternelle.

O Théiste, auriez-vous pû lire sans émotion une Morale si pure & si touchante ? Y avez-vous découvert la moindre trace d'erreur & d'illusion ? Votre cœur n'y reconnoît-il pas le langage de la vérité, de la candeur, de l'humanité ? Vous seroit-il libre de refuser votre estime & votre approbation à un homme que vous connoîtriez intimement pénétré de ces maximes ? Ne vous estimeriez-vous pas heureux d'avoir des frères, des enfans, des maîtres, des serviteurs, des amis, des confidens animés de cet esprit ?

Ne souhaiteriez-vous pas de l'être vous-même, & ne vous sauriez-vous pas gré de retrouver en vous une vertu si épurée ?

Je suis vertueux, dites-vous, quoique guidé par d'autres principes. Ne contestons point sur les termes, je ne vous demande que de la sincérité. Bornant vos vues à la somme des biens que vous pouvez vous procurer en cette vie ; affranchi de toute espérance & de toute crainte pour l'avenir ; persuadé que tout ce qui peut vous arriver de bien ou de mal, ne sera jamais l'effet d'une Providence particulière, qui ne songe nullement à vous, mais une suite nécessaire de ce cours d'événemens, qui sont déterminés par les loix, que la souveraine Intelligence imprima une fois à la nature ; êtes-vous réellement convaincu que la vertu, que vous professez, s'étende à tous les devoirs dont l'Apôtre exige l'observation ? Consultez de bonne foi vos dispositions, oseriez-vous exiger de vous-même d'y conformer exactement vos sentimens & votre conduite ? Cependant il n'est aucun de ces devoirs qui n'entre dans le caractère d'un homme parfaitement vertueux & que la droite raison ne soit comme forcée d'approuver.

Que deviendra donc la vertu, que deviendra cette Morale, dont tous les traits vous ont pénétré d'une si douce émotion ? O Théiste, votre cœur vous dicte de la suivre, vos principes s'y refusent ; mais songez que c'est de la nature que vous tenez votre cœur, & que vos principes sont l'ouvrage de vos réflexions. Prenez sur vous de les oublier un moment, & de revenir à des idées qui ne vous sont point étrangères, & qui vous ont certainement paru raisonnables en un temps.

En douant l'homme d'intelligence & de raison, Dieu a imprimé en lui les traits augustes de son image & de sa ressemblance. Il lui a inspiré l'amour du vrai & du bien, & le désir d'une félicité sans fin. Il l'a fait capable de le connoître, & il a voulu que cette connoissance fût la plus noble de ses prérogatives, & la première source de sa félicité. Il n'a pas voulu que le bonheur d'une créature raisonnable fût indépendant des loix de la Justice, borné au temps de cette vie, assujetti à ces révolutions qui placent quelquefois le sage dans les fers & l'insensé sur le trône. Il a préparé à l'homme une plus haute destination. Ce Dieu suprême qui a fait éclater avec tant de profusion sa Providence bienfaisante dans toutes ses œuvres, ne s'est pas contenté de placer l'homme sur la terre, incertain de son sort, capable de connoître son Créateur, & ne pouvant s'assurer par ses lumières à quoi cette connoissance doit le conduire. Par un effet de sa bonté souveraine, il s'est communiqué à lui d'une manière plus intime, pour lui manifester les desseins de sa Miséricorde sur lui; pour lui apprendre qu'il l'appelle à vivre dans une éternelle société avec lui; pour lui en marquer les voies & l'inviter à y marcher en sa présence avec l'ardeur & la joie d'un enfant qui ne trouve rien de pénible dans l'accomplissement des volontés d'un Père qu'il respecte & qu'il chérit.

Y a-t-il dans ce court exposé un seul mot qui répugne à aucune des vérités que la raison nous fait connoître, un seul mot qui ne soit conforme à la bonté de l'Etre souverain, à la nature & aux facultés de l'homme, à cette idée de moralité que nous ne pouvons nous empêcher de concevoir, que sous l'empire d'un Dieu juste, le bonheur d'une créature raisonnable ne sauroit être indépendant des régles immuables de sa sagesse, de sa justice & de sa bonté?

La vertu a-t-elle rien de trop grand, de trop sublime pour un homme imbu de ces maximes, pour un homme qui pense qu'il est enfant de Dieu, qui agit pour lui plaire, qui attend de lui & en lui la récompense éternelle de ses œuvres & de ses travaux ? Pénétré de ces sentimens, le Monarque voit un frère dans le plus misérable des hommes, & n'estime sa grandeur que par le pouvoir qu'elle lui donne de faire du bien. L'esclave conserve dans les fers l'élévation d'un enfant de Dieu, il remplit sa tâche avec joie, & attend le moment qui le rendra l'égal des Rois.

O Théiste, pourquoi vous envier à vous-même des motifs qui donnent tant de grandeur à la vertu, & en rendent la pratique si douce ? Ne sentez-vous pas que les motifs d'intérêt ou de passion que vous voudriez substituer aux grandes vues de la Religion, ne peuvent que dégrader la vertu, & en affoiblir les ressorts ? Comparez celui qui est vertueux pour se rendre digne de Dieu qui est son Père, avec celui qui embrasse la vertu, parce qu'il croit y trouver mieux son compte ou qui se passionne pour une belle action, comme on se passionne pour une statue, ou pour une montre ; lequel des deux est plus vertueux, & plus digne de l'être ?

Ecou-

Ecoutez encore un mot. La paix du cœur est souverainement nécessaire pour la bonté de l'ame. C'est ce trouble, cette inquiétude d'esprit que produit le conflit des passions, qui répand un poison d'amertume sur les plus doux sentimens de la nature, qui porte le désordre dans les affections de l'homme, qui obscurcit la raison, & l'assujettit à ce torrent de pensées irrégulières, de soupçons, de jalousies, de défiances, d'où naissent les desseins odieux, les projets chimériques, toutes ces inventions si puériles & si rafinées, par lesquelles les hommes sont si ingénieux à se tourmenter les uns les autres. Est-ce dans la violence de ce souffle impétueux que vous trouverez le remède à l'agitation & la paix que vous souhaitez? La raison, dites-vous, doit régler les passions. Que la raison est foible pour tenir le gouvernail en de si rudes tempêtes! Enveloppée dans les nuages qui l'environnent, elle prend de fausses clartés pour la lumière des astres, elle s'égare, & croit régler les passions qui la séduisent & l'entraînent.

Convenez que la raison est foible, qu'elle a besoin d'un appui. Philosophe, le Théisme que vous professez ne peut vous être d'aucun secours ; il laisse la divinité trop loin de vous, il ne fait que vous tenir flotant & comme en suspens entre l'Athéisme & la révélation. L'Athéisme est le comble de l'aveuglement ; la révélation vous présente la Morale la plus épurée, la plus conforme à la raison & au bonheur du Genre-humain, la plus propre à inspirer l'amour du bien, à élever l'esprit au sublime de la vertu par des motifs dignes de l'homme & de la vertu. Philosophe, cette révélation qui seule vous propose un but digne d'une créature raisonnable, ne mérite pas vos mépris. Etudiez-la sérieusement & sans prévention. Demandez à Dieu qu'il vous éclaire. Si vous le faites sincérement & avec persévérance, Dieu vous éclairera. Si vous dédaignez de vous humilier devant le Créateur, & d'implorer ses lumières, si le mot seul de prières est pour vous un objet de raillerie & de sarcasme, homme, vous oubliez ce que vous êtes, vous vous enorgueillissez contre Dieu, tandis que vous élevez les bêtes jusqu'à vous. Puissiez-vous reconnoître dans cet excès d'orgueil & de bassesse qui vous convient si peu, le caractère de l'erreur qui vous aveugle.

NOTE

UN Ouvrage anonyme, qui vient de me tomber entre les mains, va me fournir une nouvelle preuve des vérités que j'ai tâché d'établir dans ce Discours. C'est un recueil de prétendues *Homélies* destinées à combattre le Christianisme. L'Auteur néanmoins se déclare ouvertement contre l'Athéisme qu'il représente comme destructeur de toute Société; il insiste sur la nécessité de reconnoître les peines & les récompenses de la vie à venir; & il ajoûte (p. 17) *qu'il faut reconnoître un Dieu rémunérateur & vengeur, ou n'en point reconnoître du tout*; il bat en ruine l'objection que l'on tire de l'exemple des Athées, que l'on prétend avoir vécu en honnêtes gens, tels qu'Epicure

& plusieurs Philosophes de son école; Atticus, Spinosa, &c. Il dit à ce sujet (p. 27.), que *les Epicuriens & les plus fameux Athées de nos jours, occupés des agrémens de la Société, de l'étude & du soin de posséder leur ame en paix, ont fortifié un certain instinct de tempérament, qui porte à ne pas nuire, en renonçant au tumulte des affaires qui bouleversent l'ame, & à l'ambition qui la pervertit. Mais, ajoûte-t-il, mettez ces doux & tranquilles Athées dans de grandes places, jettez-les dans les factions, qu'ils ayent à combattre des hommes pervers & redoutables, pensez-vous qu'alors ils ne deviendront pas aussi méchans que leurs adversaires?*

Il est donc démontré que l'Athéisme peut tout au plus laisser subsister les vertus sociales dans la tranquille apathie de la vie privée, mais qu'il doit porter à tous les crimes dans les orages de la vie publique. Une Société particulière d'Athées, qui ne se disputent rien, & qui perdent doucement leurs jours dans les amusemens de la volupté, peut durer quelque tems sans troubles; mais si le

Monde étoit gouverné par des Athées, il vaudroit autant être sous l'Empire immédiat de cas êtres infernaux, qu'on nous peint écharnés contre leurs victimes.

En parlant des récompenses & des peines d'une nouvelle vie, il ajoûte : *Ces principes sont nécessaires à la conservation de l'espéce humaine. Otez aux hommes l'opinion d'un Dieu vengeur & rémunérateur, Sylla & Marius se baigneront alors avec délices dans le sang de leurs Concitoyens ; Auguste, Antoine & Lépide surpassent les fureurs de Sylla. Néron ordonne de sang froid le meurtre de sa Mere. Il est certain que la doctrine d'un Dieu vengeur étoit alors éteinte chez les Romains.*

Telles sont, suivant l'Auteur, les suites funestes de la pernicieuse doctrine qui nie les peines & les récompenses d'une vie à venir. Mais le dogme de ces peines & de ces récompenses suppose que l'ame ne périt pas avec le corps, & qu'elle subsiste après la mort. Il importe donc extrêmement pour le bien de la Société, que les Peuples soient fortement convaincus du dogme de l'immortalité. Or il n'y a que deux moyens de porter cette conviction dans les esprits, la Philosophie & la Religion. Faudra-t-il s'en rapporter aux lumières seules de la Philosophie ou du Théisme ? Je regarde assurément comme très-convaincantes les preuves que plusieurs Philosophes ont donné de cette importante vérité. Si nous ne pouvons connoître les substances que par leurs affections & leurs qualités, ainsi que Loke l'établit, l'extrême disproportion, & l'hétérogénéité complette, que la sensation & la réflexion nous font remarquer entre les affections de l'ame & les qualités du corps, suffiroit seule pour nous convaincre que ces affections & ces qualités appartiennent à des substances également hétérogènes. Néanmoins nous trouvons des sectes entières de Philosophes, qui ont hautement rejetté l'immortalité de l'ame; d'autres en ont douté; d'autres ne regardent que comme des probabilités, les preuves que la raison en fournit.

Faudra-t-il que le gros du Peuple aille se jetter dans cet abîme de Philosophie, pour se convaincre d'une vérité qui est une des bases de la sûreté publique ? Comment ceux qui n'ont ni le loisir, ni le talent d'approfondir les matieres, éviteroient-ils les piéges des Matérialistes ou des Pyrrhoniens ? En un mot rien de plus certain que ces deux propositions : il est très-nécessaire que le Peuple soit convaincu des récompenses & des peines d'une vie à venir : il est impossible qu'il le soit par les argumens de la Philosophie.

Il n'y a, ainsi, que l'autorité de la Religion, qui puisse également porter dans tous les esprits une pleine & entière conviction d'un état à venir, & fortifier ce sentiment naturel qui porte les hommes à penser, que l'ame n'est pas la même chose que le corps, & qu'elle doit lui survivre.

Quel objet se proposent donc certains incrédules, qui cherchent à établir une Réligion purement naturelle & philosophique sur les ruines du Christianisme ? Ils ne réussissent que trop par leurs sophismes à ébranler la foi des simples. Mais qu'en résulte-t-il ?

une plus forte conviction des peines & des récompenses d'une nouvelle vie. Oh! si ceux qui ont eu le malheur de se laisser pervertir, veulent rentrer en eux-mêmes, oseront-ils dire qu'ils sont maintenant plus fortement attachés au dogme de l'immortalité, sur la foi de leurs nouveaux guides, qu'ils ne l'étoient auparavant, sur la foi de la révélation? Cependant ce sont des dogmes nécessaires à la conservation de l'espéce humaine, de l'aveu de l'Auteur des homélies, des dogmes dont l'oubli tend directement à produire des Sylla, des Marius, des Néron. Si ces hommes aiment le Genre-humain, comme ils le disent, ont-ils lieu de s'applaudir de leurs succès?

DISCOURS XI.
Idée & division de la Société.

ON peut distinguer les différentes sortes de Sociétés par rapport aux différens objets auxquels elles se rapportent, c'est-à-dire, par rapport aux différens biens qui peuvent établir une sorte de communication entre les hommes.

Cette maniere d'envisager la Société donne lieu à une distinction générale, qu'il importe surtout de remarquer. On peut donc ranger toutes les Sociétés sous deux classes générales. La premiere comprendra toutes les Sociétés particulières, c'est-à-dire, les Sociétés qui ont un objet particulier & qui conviennent à l'homme, non précisément en sa qualité d'homme, mais en tant qu'il est Artisan, Chasseur, Guerrier, Savant ou Négociant. En effet ces sortes de Sociétés ne conviennent pas à tous les hommes universellement : elles supposent des inclinations, des talens, des qualités, des circonstances particulières, qui n'embrassent qu'un certain nombre d'hommes par chaque classe & ne s'étendent point aux autres.

Mais il est un autre genre de Société, qui convient à l'homme en tant qu'il est homme ; c'est celle qui a pour objet la conservation & le bien-être du Genre-humain ; objet universel, qui intéresse l'humanité même, & qui comprend dans son étendue les objets particuliers de toutes les autres Sociétés.

Tâchons de suivre cet objet universel dans ses différentes branches ; & pour tenir un certain ordre, nous le partagerons en trois objets particuliers, dont chacun donnera lieu à des soudivisions.

Le premier objet de la Société, qui tend à la conservation & au bien-être du Genre-humain, est de fournir à ceux qui la composent des moyens plus abondans & plus aisés de pourvoir à leur entretien, c'est-à-dire, à leur subsistance, à leur vêtement & à leur logement.

Ces moyens comprennent 1. Les travaux concernant les matieres premieres, le labourage, le soin des troupeaux, la chasse & la pêche. 2. Les travaux nécessaires pour mettre les matieres premieres en œuvre, les manufactures, la fabrique des instrumens. 3. L'industrie & les travaux nécessaires pour faciliter le transport & les échanges des différentes productions de la nature & de l'art, afin que chacun se trouve à portée de ce qui lui est nécessaire pour son entretien.

De là résulte une prodigieuse variété d'occupations & d'emplois dans la Société, & l'industrie venant ainsi à multiplier les bienfaits de la nature, augmente à proportion les moyens de subsistance.

Le défaut de subsistance accompagne partout le défaut de Société. C'est par cette raison que les pays qu'on appelle sauvages sont extrêmement dépeuplés. Des terreins immenses ne portent qu'un très-petit nombre d'habitans, souvent réduits à manquer de tout; c'est à ces cruelles extrémités, si fréquentes parmi les peuples dont la Société est à peine ébauchée, que le savant Auteur du Livre *de l'origine des Loix* &c. attribue l'origine de l'Antropophagie.

La Société favorise ainsi la population, par la facilité qu'elle donne de multiplier les subsistances, & de se précautionner contre les tems de disette.

La Société n'est pas moins nécessaire pour procurer aux hommes les moyens de se vêtir & de se loger convenablement. L'Auteur d'Emile voudroit qu'on écorchât la premiere bête que l'on rencontre, & que l'on se mît sa peau toute sanglante sur les épaules. Cela est bon à dire dans un livre; mais quand on sort, il faut être habillé autrement; il ne suffit pas non plus pour tous les hommes d'avoir une grotte à portée pour se mettre à couvert des injures de l'air, il est bien que l'homme retiré dans son logement puisse vacquer à quelque travail utile, digne d'un être doué de raison.

D'ailleurs l'entretien de l'homme doit être convenable & décent; c'est ce qu'exige la qualité d'un être capable de sentir l'ordre, la convenance & la décence. Il faut de l'assaisonnement dans la nourriture, de la commodité & même de l'élégance dans le vêtement, dans le logement & dans les meubles ; & tout cela doit être proportionné aux différences que l'ordre exige entre les différentes conditions de la vie.

Le second objet de la Société est de pourvoir à la sûreté, à la tranquillité, à la liberté des membres qui la composent ; d'assurer à un chacun la joüissance des fruits de son industrie & de tout ce qui lui est légitimement acquis ; de le mettre à couvert de la fraude & de la violence des méchans. Pour cet effet il faut des loix pour déterminer les droits d'un chacun, des Magistrats pour décider suivant les loix ; des forces pour maintenir l'ordre & réprimer les attentats, tant du dedans que du dehors. Enfin une Autorité suprême pour former les loix, pour établir des Magistrats, pour assembler les forces & les diriger convenablement au bien commun de la Société.

Le troisiéme objet est de fournir aux

hommes le moyen de cultiver leur raison, qui est la faculté distinctive de l'homme. Or il y a une culture générale qui convient à tous; & une culture particulière qui est susceptible d'une très-grande variété. Il faut que tous les hommes soient instruits de leurs devoirs, accoutumés de bonne heure & formés par une longue habitude à les remplir. L'exercice des vertus sociales de l'humanité, de la bonne foi, de la reconnoissance, de la libéralité, est ce qu'il y a de plus digne d'un être raisonnable dans la communication que la Société tend à établir entre les hommes. Les besoins qu'ils ont les uns des autres pour les nécessités les plus indispensables de la vie, n'est pas l'unique fondement de la Société. L'homme nourrit son cheval & en tire des services; cette utilité réciproque n'établit point de Société entre l'homme & le cheval. c'est que la communication des hommes entr'eux s'entretient par des actes provenans de la connoissance & de la volonté: l'esprit entre donc toujours pour quelque chose dans cette communication réciproque. Or il n'y a que les vertus sociales qui puissent établir une véritable & sincère communication entre les esprits, & qui en établissant une confiance mutuelle, rendent la Société plus douce & augmentent l'utilité dont elle est, pour les besoins de la vie.

L'éducation de la jeunesse est donc un des principaux objets de la Société, qui a pour but la conservation & le bien-être du Genre-humain. Personne ne doute qu'on n'ait besoin d'un apprentissage pour les Sociétés particulières, où les hommes se rassemblent en qualité de Militaires, de Négocians ou autres. Faudra-t-il donc douter que l'homme n'ait besoin d'éducation, pour apprendre à vivre en qualité d'être raisonnable & social ?

Toutes les Sociétés qui se sont rendues recommandables par la sagesse de leurs loix, ont toujours donné beaucoup de soins à cette sorte d'éducation, & y ont joint des instructions propres à rassembler les hommes, à les lier plus étroitement entr'eux, & à leur faire goûter dans l'exercice même des vertus sociales, la douceur & les agrémens de la Société.

Une réunion suffisante d'hommes ou de familles, pour remplir les différens objets que nous venons de détailler, & au moyen de laquelle chaque homme peut se procurer ce qui lui est nécessaire pour son entretien, pour sa sûreté & pour cette culture de l'ame qui convient à tout être raisonnable ; c'est ce qui forme le corps de la Société.

L'autorité du Gouvernement, les loix, l'établissement des Magistrats, la distribution des emplois & des occupations ; c'est ce qui forme l'ordre de la Société.

Les affections & les vertus sociales, la probité, les bonnes mœurs, tous les moyens d'instruction, & les institutions propres à les répandre, c'est ce qui forme l'ame & le lien de la Société. Mais il faut remarquer qu'il n'y a que la Réligion qui ait assez de force pour agir efficacement sur l'esprit de l'homme, & l'attacher persévéramment à la pratique de ses devoirs. Il ne suffit pas de faire envisager l'amour de la Patrie comme l'effet d'une belle passion. Quelque

que force qu'on veuille prêter à ce noble sentiment, il n'en aura jamais assez pour dominer tous les autres, tandis qu'on le laissera dans la simple classe du sentiment. Dans les beaux temps de la République Romaine, où l'héroïsme patriotique fut porté au plus haut dégré, combien de fois n'auroit-on pas vû les Romains abandonner leurs drapeaux, s'ils n'y eussent été retenus par la Religion du serment. Dans ces conjonctures où le zèle patriotique cédoit au ressentiment d'une injure vraie ou apparente, ce ressentiment cédoit lui-même à un devoir dicté par la Religion; & c'est la Religion qui conservoit à la République ses propres Citoyens. Les Xénophon, les Polybe, les Cicéron, les Plutarque ont reconnu cette vérité attestée par l'expérience de tous les siècles. Quelques Sophistes la contestent aujourd'hui; mais ce ne sont pas des Xénophon, des Polybe, des Cicéron, des Plutarque.

DISCOURS XII.

La Société indispensable à l'homme par la nécessité de la coëxistence, lui deviendroit inutile ou nuisible sans un ordre de coëxistence, d'où dérive l'autorité publique.

Qu'il y ait des Sociétés civiles ou qu'il n'y en ait pas, il faut de toute nécessité que les hommes vivent les uns avec les autres. Placés sur le Globe, avec la faculté de se mouvoir, ils ne peuvent éviter de se rencontrer. Dans ces rencontres inévitables ils peuvent se faire du bien & ils peuvent se faire du mal. A mesure que les hommes se multiplieront dans une contrée, ces rencontres deviendront plus fréquentes, & le voisinage les mettra dans une nécessité indispensable de traiter les uns avec les autres pour tous les besoins de la vie.

Dans cette communication réciproque les hommes trouveront aussi souvent l'occasion de se nuire que de se faire du bien. Si l'on suppose qu'ils vivent dans une entière indépendance les uns des autres, sans assujettissement à aucune loi, n'ayant d'autre règle que leur raison ou leur caprice, il est aisé de concevoir que ceux qui auront plus de force & d'arrogance que les autres, ne feront pas difficulté de déployer leur caractère malfaisant pour envahir ce qu'ils trouveront à leur bienséance, pour maltraiter les plus foibles, gêner leur liberté, s'approprier les fruits de leur industrie & de leurs travaux. De là naîtroit bientôt ce funeste état de guerre de tous contre tous, que non-seulement Hobbes, mais tous les Politiques regardent comme une conséquence inévitable de l'état de nature, quoique Hobbes soit tombé à cet égard dans une erreur très-absurde & très-pernicieuse, en rapportant cet état de guerre aux premieres impressions de la nature, au lieu de le regarder comme un effet de la dépravation des sentimens naturels & de ces passions fougueuses qui font prévaloir le plaisir sensible & l'intérêt particulier aux lumières de la raison & aux mouvemens de la conscience.

La vie la plus simple ne seroit pas toujours capable de mettre les hommes à l'abri de ces désordres. On nous représente les Hottentots comme les peuples qui ont conservé le plus de simplicité & d'égalité ; il y a cependant parmi eux des loix très-sévères contre l'assassinat, le vol & l'adultère ; preuve certaine que la vengeance, la convoitise & la lubricité sont des passions qui se déployent partout où il y a des hommes, & qui sont capables de causer les plus affreux ravages, si on n'a soin de les réprimer.

Pour concevoir quels seroient les effets d'une communication réciproque, où chaque particulier jouïroit d'une indépendance absolue, imaginons une Ville quelconque de l'Univers, où l'on convienne d'abolir tout pouvoir réprimant & toute espèce de gouvernement. Hommes, femmes, enfans, qui peuplez cette Ville (vient-on leur dire), vous n'êtes plus Citoyens, mais simples habitans de votre ancienne Patrie ; les loix sont tombées ; le gouvernement est dissous ; libres & parfaitement égaux, chacun de vous est maître de se conduire comme il l'entend & n'a plus à rendre compte de ses actions qu'à lui même. Homme oisif, qui souffrez si impatiemment le joug de la plus légitime autorité, voudriez-vous demeurer long-tems dans une telle Ville ; oseriez-vous y coucher une seule nuit ? Le premier voisin qui trouveroit son soupé trop maigre chez-lui, prendroit sans scrupule la liberté de venir partager le vôtre avec ses camarades, & probablement les meilleurs morceaux ne seroient pas pour vous. Si votre appartement les accommodoit, ils vous feroient l'honneur de s'y loger, & vous enverroient sans façon dans la rüe, ou au grenier. Les indigens audacieux, les fainéans ennuyés de travailler pour vivre, ne s'oublieroient pas. Les maisons des riches leur fourniroient pour quelque temps une ressource assurée. Les libertins, les brouillons voudroient faire du bruit de leur côté. On ne seroit en sûreté ni chez soi, ni hors de chez soi. Plus d'asyle pour la pudeur. Tout ce qui mérite le plus de respect deviendroit la victime de la brutalité la plus effrénée. La nécessité de se défendre formeroit des partis, on en viendroit aux mains, on s'égorgeroit, on éprouveroit enfin toutes les horreurs d'une Ville prise d'assaut, jusqu'à ce qu'un parti venant à prédominer, fût en état de faire la loi aux autres, & de ramener la concorde & la paix, en rétablissant les loix & l'autorité publique.

En vain diroit-on que les désordres que je viens d'ébaucher, feroient une suite des vices que les hommes auroient contractés dans un état précédent de Société, vices nullement applicables à des hommes qui auroient persévéré dans l'état de nature.

Cette réponse pourroit avoir lieu, si l'état de nature comportoit que les hommes dussent vivre parfaitement isolés, dispersés sur le Globe, sans jamais se voir ni se rencontrer. Mais on a fait voir qu'une telle maniere de vivre est non-seulement contraire aux facultés & aux inclinations de l'homme, mais absolument impossible, & qu'en supposant l'exclusion de tout gouvernement civil, les hommes, en se multipliant dans une contrée, seroient dans la nécessité de se voir & de se rencontrer, qu'ils auroient besoin de s'aider les uns les autres, & que dans cette communication réciproque, impossible à éviter, ils seroient toujours à portée de se faire beaucoup de bien & beaucoup de mal.

Cette communication réciproque dénuée de tout frein d'autorité publique, suffiroit pour donner lieu aux désordres que nous avons détaillés. Je veux que dans cet état les hommes fussent très-grossiers & bornés aux besoins les plus simples. Mais encore faut-il pourvoir à la subsistance journalière pour toutes les saisons de l'année; il faut des vêtemens, des huttes ou des cabannes pour se loger, des canots pour traverser les rivières, des instrumens pour la chasse & pour la pêche, des outils pour le travail. Un seul homme ne peut suffire, à tous ces exercices; il faut s'assembler pour certains objets, se partager pour d'autres, & se pourvoir du nécessaire par des trocs & des échanges réciproques. Voilà donc des intérêts à démêler tous les jours entre des hommes vivans dans la plus grande simplicité. Un défaut total de culture & d'instructions éloignera-t-il tout sujet, toute occasion de plaintes, de disputes & de débats? L'exemple des Hottentots que nous venons de citer, est une preuve du contraire. Ils se sont vûs dans la nécessité de réprimer par les loix les plus sévères, l'assassinat, le vol & l'adultère. Il n'est pas nécessaire d'avoir l'esprit bien cultivé pour apprendre à être arrogant, fâcheux, querelleur, emporté, vindicatif, menteur & paresseux. Les sots savent être méchans tout aussi bien, & souvent mieux que les gens d'esprit.

Rien de plus agreste, rien de plus sauvage, que les Peuples septentrionaux dans le temps qu'ils commencerent à être connus des Romains. Il y avoit pourtant des querelles très-funestes parmi eux. Sans parler des guerres meurtrières très-fréquentes entre ces différens corps de nations, il n'y en avoit aucune, où il ne se commît des meurtres qui occasionnoient d'autres meurtres. Les parens, les amis de celui qui avoit succombé, se faisoient un point d'honneur de venger son sang, & pour prévenir une ruine entière, il fallut chercher des expédiens pour arrêter le cours de ces funestes inimitiés. Cependant ces nations avoient une sorte de gouvernement civil, qui ne laissoit pas que de mettre un frein aux passions & à la licence des particuliers. Les enfans vivoient sous la direction de leurs Peres, on les plioit aux mœurs & aux usages de la nation, & ils apprenoient à vivre avec leurs semblables : cette méthode suppléoit en partie au défaut d'une administration plus parfaite. Mais dans le système de l'Auteur d'Emile (*Contr. Soc. L.* 1. *Ch.* 11.) l'éducation seroit absolument nulle. Dans son état de nature, les enfans ne restent liés au Père, qu'aussi long-tems qu'ils ont besoin de lui pour se conserver. Sitôt que ce besoin cesse, le lien naturel se dissout; les enfans exempts de l'obéissance qu'ils devoient au Pere, le Pere exempt des soins qu'il devoit à l'enfant, rentrent tous également dans l'indépendance. Sitôt que l'enfant est en âge de raison, lui seul étant juge des moyens propres à se conserver, devient par là son propre maître. N'est-il pas évident que des enfans abandonnés à eux-mêmes dès l'âge de raison, croissant à l'avanture, sans la moindre lueur d'instruction, deviendroient moins propres à cultiver une paisible communication entr'eux, que s'ils y eussent été formés par un long apprentissage sous la direction de leurs Peres? Enfin cet Auteur même (*Disc. de l'inég. pag. 98. & suiv.*) ne disconvient pas que l'indolence de son prétendu état primitif ne pouvoit durer éternellement, que par une suite de hazards les facultés de l'homme devoient se développer, quoique par un progrés fort long; & qu'enfin il falloit venir à ce point où les obstacles qui nuisent à la conservation des hommes (*Cont. Soc. L. 1. Ch. IV.*) dans l'état de nature, l'emportent par leur résistance sur les forces que chaque individu peut employer pour se maintenir dans cet état. Alors, ajoûte-t-il, cet état primitif ne peut plus subsister, & le genre-humain périroit, s'il ne changeoit sa maniere d'être. »

Ainsi en résumant en deux mots le système de l'Auteur, on trouve que le Genre-humain ne peut se passer de Société civile, à moins que les hommes ne soient plongés dans une indolence stupide ; & qu'en sortant de cette indolence ils ne peuvent plus se passer de Société civile ; aussi les Sauvages qu'il cite, comme un exemple de la jeunesse du monde, ont une sorte de gouvernement pour régler leur association.

On peut donc avancer ces deux propositions, qui paroissent bien prouvées par tout ce qu'on a dit dans les Discours précédens.

1. Sans communication réciproque les hommes périroient de misère.

2. Avec une communication réciproque, dénuée de toute autorité publique & de tout pouvoir réprimant, les hommes se détruiroient.

DISCOURS XIII.

De l'autorité publique dans la Société civile.

LE résultat de ce qu'on vient d'établir au sujet de la Société peut se réduire aux propositions suivantes.

1. La communication réciproque entre les hommes qui peuplent la terre n'est pas un établissement purement arbitraire. Elle est fondée sur l'ordre de la propagation du genre humain, sur l'impossibilité, où sont les hommes de s'éviter, sur le besoin qu'ils ont d'une assistance mutuelle, soit pour les nécessités les plus indispensables de la vie, soit pour cultiver leurs facultés intellectuelles, autant qu'il est nécessaire pour se conduire en êtres doués de raison; enfin sur ce que la raison même, qui est la propriété distinctive de l'homme tend de sa nature à établir une communication sociale entre les êtres, qui en sont doués.

2. Cette communication mutuelle que l'on désigne par le nom de Société doit être regardée comme un moyen établi par la nature pour la conservation, & le bien être du genre-humain. Ce moyen même est d'une nécessité indispensable, puisque sans cette communication les hommes ne pourroient pourvoir suffisamment ni à leur entretien, ou à leur défense, ni à la culture de leur facultés intellectuelles.

3. Cet état de Société se rapporte donc à la loi naturelle. Car outre l'inclination naturelle la droite raison suggere aux hommes d'employer les moyens absolument nécessaires pour se conserver, & vivre d'une maniere convenable à leur nature. Ce qui ne peut avoir lieu que dans l'état de Société.

4. D'un autre coté on a vu que la Société dénuée de toute autorité capable d'y maintenir l'ordre, & de réprimer les malfesans, deviendroit bientot destructive, & seroit suivie des désordres les plus affreux.

5. Une autorité publique n'est donc pas moins nécessaire que la Société mê-

me pour la conservation & le bien-être du genre-humain.

6. Or l'état de Société se rapporte à la loi naturelle entant que la Société est un moyen nécessaire pour la conservation & le bien-être du genre-humain. L'autorité publique étant également nécessaire pour la même fin, est également fondée sur la loi naturelle.

7. L'autorité publique dans sa premiere origine n'est donc pas d'une institution purement arbitraire ; mais un droit inhérent par loi de nature à l'état de Société.

Supposons que quelques centaines de familles sauvages de différentes contrées échouent par hazard dans une île déserte & inconnue. Ces familles liées par le besoin, & par la nécessité de la coëxistance, se trouveront inévitablement assujetties à une communication réciproque, d'où résultera entr'elles un état de Société nécessaire, & fondée sur la loi naturelle. On ne sauroit contester à cette Société, toute fortuite qu'elle soit dans son origine, un droit proprement dit à sa conservation, à sa sûreté, à sa défense & à son bien-être. Car si tout individu tient ce droit de la nature même, un assemblage aussi considérable d'individus ne sauroit en être dépourvu. Si cette Société a un droit naturel à sa conservation, à sa sûreté, à sa défense, à son bien-être, elle a donc le droit d'employer les moyens nécessaires pour remplir ces différens objets, & par conséquent le droit d'établir une règle & un ordre dans la communication réciproque des membres qui la composent, avec le pouvoir de réprimer ceux qui voudroient troubler cet ordre & cette règle. Or un tel droit & un tel pouvoir n'est autre que l'autorité publique. Donc l'autorité publique est un droit inhérent de sa nature à l'état de Société.

8. La premiere origine de l'autorité publique dans cette Société, ne dépend pas du consentement des parties qui la composent.

Car aussi-tot que cet assemblage d'individus, ou de familles assujetties par la nécessité de la coëxistence à une communication réciproque, se trouve formé, cet assemblage antérieutement à tout consentement des parties qui le composent a un droit proprement dit à sa conservation, & par conséquent le droit d'établir des regles, & de réprimer les infracteurs, en quoi consiste l'autorité publique.

Le consentement des particuliers dans le cas proposé pourra bien être nécessaire pour établir une règle, ou une forme d'administration préférablement à toute autre; mais non pour conférer à l'assemblage, qui en résulte le droit primitif de pourvoir à sa conservation, droit que cet assemblage tient de la nature non moins que chaque individu.

Supposons en effet, qu'avant tout pacte & tout consentement donné, un particulier trouble le repos de quelques voisins, non seulement les offensés auront le droit de se défendre, mais le corps même de l'assemblage, ou de la Société aura le droit de réprimer cet insolent, de punir sa témérité, & de le contraindre à respecter ses égaux.

9. Loin que ce droit, ou cette autorité primitive dépende d'aucun pacte, ou

ou convention des particuliers entr'eux; qu'au contraire, si ces particuliers convenoient tous ensemble par un pacte exprès de ne vouloir dépendre d'aucune autorité publique, ce pacte, ainsi que le remarque Victoria, seroit nul, & de nulle valeur, en tant que contraire au droit naturel.

Ce pacte seroit nul, car malgré tout pacte contraire, le corps de l'assemblage, ou de la Société, retiendroit toujours le droit de prévenir les désordres de l'anarchie, par l'établissement d'une règle propre à maintenir la paix.

Ce pacte seroit contre le droit de la nature, puisqu'il tendroit à annuller un moyen dicté par la nature même pour la conservation & le bien-être du genre-humain.

Concluons donc avec Victoria, que l'état de Société, & l'autorité publique qui l'accompagne, ne sont point des inventions humaines, & purement arbitraires, mais que l'un & l'autre proviennent de la nature même, qui en a fait un moyen nécessaire ou convenable de conservation pour le genre-humain.

10. L'autorité publique qui résulte du droit de conservation dans une Société seroit inutile, si elle n'étoit attachée à une puissance capable de rassembler les forces particulières, pour les faire concourir au bien commun de la Société. Car en concevant cette autorité comme dispersée dans un assemblage d'individus sans un centre de réunion, on voit clairement que les volontés & les forces particulières, loin d'agir de concert, se croiseroient le plus souvent, & qu'il n'y auroit que désordre & confusion dans la Société. Le droit naturel de la conservation exige donc qu'il y ait dans la Société une puissance capable de réunir & de diriger les forces particulières. Et c'est dans cette puissance que se concentre proprement l'autorité publique, qui s'étend sur tous les individus. Or cette puissance peut être placée ou dans un chef seul, ou dans un corps moral, tel qu'un Conseil plus ou moins nombreux, suivant les différentes sortes de gouvernement.

11. De quelque maniere que cette autorité souveraine soit placée, elle n'est

point en elle-même le résultat d'un pacte, par lequel les individus composans une Société consentent à se dépouiller d'une partie de leurs droits & de leur liberté pour conserver l'autre. L'autorité souveraine ayant la puissance de réunir & de diriger toutes les forces particulières pour la conservation de la Société, les droits de cette autorité & leur étendue dérivent par eux-mêmes du droit naturel de la conservation inhérent à l'état de Société: supposons un état parfaitement démocratique composé d'une soixantaine d'individus. L'autorité publique, ou la puissance de diriger les forces particulières résidera dans le Conseil général composé de ces soixante individus. Ces soixante individus pourront faire tous les règlemens qu'ils jugeront les plus convenables; mais ils ne se donnent point à eux-mêmes, ni à leur assemblage la puissance & l'autorité de les faire. Comme ce corps démocratique ne se donne pas à lui-même le droit qu'il a de pourvoir à sa conservation, & qu'il tient ce droit de la nature même, de même il tient de la nature, & ne se donne pas à lui-même la puissance de diriger les forces particulières d'une maniere convenable à sa conservation. L'autorité publique tire ainsi toute sa force du droit, que la nature donne à chaque Société de pourvoir à sa conservation & à son bien-être. Dans toute Société tant soit peu nombreuse, l'autorité publique ne seroit d'aucun usage, si elle n'étoit attribuée à un individu, ou à un corps moral, capable de diriger les forces particulières. Cette puissance ainsi concentrée ne change pas de nature; son attribution à tel individu, ou à tel corps moral, peut être l'effet d'un consentement des membres de la Société; mais elle ne tire point ses droits de ce consentement; elle les tient de la liaison nécessaire qu'il y a entre la puissance chargée de veiller au lien de la Société, & tous les moyens légitimes nécessaires, ou utiles, pour parvenir à cette fin.

12. La puissance souveraine dans la Société est donc établie sur la loi de nature, & comme la loi naturelle a

Dieu pour auteur, il faut convenir que la puissance souveraine est fondée sur l'ordre même établi de Dieu pour la conservation & le bien-être du genre-humain : *qui potestati resistit, ordinationi Dei resistit* : tel est l'oracle de l'Apôtre.

Monsieur Hume rend hommage à cette vérité dans son vingtcinquième essai moral & politique : „ Dès-lors, dit-il,
„ qu'on admet une providence univer-
„ selle, qui préside sur l'univers, qui
„ suit un plan uniforme dans la dire-
„ ction des évènemens, & qui les con-
„ duit à des fins dignes de sa sagesse,
„ on ne sauroit nier que Dieu ne soit
„ le premier instituteur du gouverne-
„ ment. Le genre-humain ne peut sub-
„ sister sans gouvernement, au moins
„ n'y a-t-il point de sécurité où il n'y a
„ point de protection. Il est donc in-
„ dubitable que la souveraine bonté, qui
„ veut le bien de toutes ses créatures,
„ a voulu que les hommes fussent gou-
„ vernés : aussi le sont-ils, & l'ont-ils été
„ dans tous les tems, & dans tous les
„ pays du monde : ce qui fait encore
„ une preuve plus certaine des inten-

» tions de l'Etre tout sage, à qui au-
» cun évènement n'est caché, & à qui
» rien ne sauroit faire illusion ".

On ne voit rien que de solide dans ce raisonnement ; mais ce qui suit n'est pas de la même trempe : „ Cependant,
» ajoûte l'Auteur, comme Dieu n'y est
» point intervenu par une volonté par-
» ticulière, ou par des voies miracu-
» leuses, & que cet établissement ne
» doit son origine qu'à cette influence
» secrete qui anime toute la nature,
» on ne sauroit, à proprement parler,
» appeller les Souverains les Vicaires du
» Très-haut : ce nom ne peut leur con-
» venir que dans le même sens qu'il
» convient à toute puissance, à toute
» force qui dérive de la Divinité, &
» dont on pourroit dire également qu'el-
» le agit par sa commission. Tout ce qui
» arrive est compris dans le plan de
» la Providence : Le Prince le plus
» puissant & le plus légitime n'a donc
» aucun droit de prétendre que son
» autorité soit plus sacrée & plus invio-
» lable que celle d'un Magistrat subal-
» terne, celle même d'un usurpateur,
» d'un brigand, ou d'un pirate.

Tout est compris sans doute dans le plan de la Providence. Tout ce qui arrive de bien ou de mal, n'arrive que par son ordre ou sa permission. L'homme a reçu de Dieu l'intelligence & la raison pour se tourner au bien ; il peut néanmoins faire le mal, parce qu'étant libre & limité, il peut abuser de ses facultés. Mais Dieu ne veut pas le mal, comme il veut le bien. Il permet le mal dans une créature sujette de sa nature à faillir, & cette permission dans le plan de sa Providence se rapporte à un plus grand bien. L'homme qui péche, ne peut déranger l'ordre de la Providence, ni empêcher le bien qu'elle saura tirer de sa malice, mais il n'agit pas moins contre la loi éternelle de l'Etre suprême, qui reprouve toute injustice, qui la condamne & qui la punit. Mais cette loi prescrit positivement aux hommes le bien qu'ils doivent faire, elle leur ordonne d'être justes & bien-faisans. L'homme qui fait le bien, se conforme ainsi à la loi, à la volonté, aux intentions de l'Etre suprême, qui veut le bien, qui l'approuve, & le récompense. *La Bonté souveraine*, dit Monsieur Hume, *veut le bien de ses créatures ; & veut en conséquence, que les hommes soient gouvernés.* Voilà une volonté d'approbation digne de l'Etre souverainement sage & souverainement bon ; Monsieur Hume dira-t-il que Dieu veut également la fraude, l'injustice, le parjure & l'ingratitude ? Si ces choses arrivent parmi les hommes, ce n'est nullement par une volonté d'approbation, mais par une simple permission, ainsi qu'on vient de l'expliquer.

Or la droite raison permet-elle de tirer la même conséquence de la volonté de Dieu par rapport au bien qu'il ordonne & qu'il prescrit, & de sa simple permission par rapport au mal qu'il reprouve, qu'il défend & qu'il punit ? *Dieu qui veut le bien de ses créatures, veut que les hommes soient gouvernés.* C'est le principe de Monsieur Hume. L'établissement du gouvernement est donc conforme aux *intentions de l'Etre tout sage* : & le Souverain tient une place dans la Société, marquée par l'ordre même de la Providence ; mais l'abus que fait un brigand de ses forces physiques pour dépouiller les passans, est un attentat contre les loix de Dieu, qui en permettant ce mal, le reprouve, le condamne & le punit. Comment donc Monsieur Hume a-t-il pû avancer que l'autorité du Prince le plus légitime n'est pas plus sacrée, ni plus inviolable que celle d'un brigand ?

L'autorité d'un Prince légitime est une autorité légitime entant qu'elle est conforme aux loix de la suprême Sagesse, & aux intentions du Créateur, de l'aveu même de Monsieur Hume. L'attentat d'un brigand, ou l'autorité, si l'on peut se servir de ce terme, qu'il usurpe sur le passant qu'il dépouille, est une autorité illégitime par cela même qu'elle est contraire aux loix de la Souveraine Sagesse.

L'autorité d'un Prince légitime est une autorité sacrée & inviolable, parce qu'étant conforme à l'ordre & aux intentions du Créateur, on ne peut la blesser sans offenser le Créateur. La prétendue autorité d'un brigand n'est ni sacrée, ni inviolable, parce qu'étant contraire aux intentions du Créateur, on peut y opposer la résistance & la force, sans offenser le Créateur.

Mais l'autorité du Prince légitime sera-t-elle plus sacrée, plus inviolable que celle de tout Magistrat subalterne? Elle l'est sans doute. Le Magistrat subalterne tient son autorité de la Puissance souveraine, qui peut la limiter, ou l'anéantir; mais la Puissance souveraine, de quelque maniere qu'elle soit placée dans l'Etat, est fondée sur l'ordre même des choses établi de Dieu pour le bien & la conservation du genre-humain.

Pour rendre cette autorité sacrée & inviolable, il n'est aucunement nécessaire que *Dieu y soit intervenu par des voies miraculeuses.* Il suffit que les lumières de la raison nous montrent de maniere à n'en pouvoir douter, que Dieu, ainsi que le dit Monsieur Hume, est le premier instituteur du gouvernement, que la souveraine Bonté veut pour le bien même de l'humanité, que les hommes soient gouvernés, & qu'on ne puisse méconnoître dans la souveraine autorité du gouvernement, les intentions de l'Etre tout sage.

N'est-ce pas là nous dire en termes équivalens, que l'autorité souveraine, sans laquelle le gouvernement ne peut subsister, a Dieu même pour premier instituteur, & que ceux qui en sont revêtus parmi les hommes, sont comme les représentans & les instrumens de la Providence, en tant que suivant l'ordre & la volonté de Dieu, ils président à un établissement que Dieu a voulu qui eût lieu parmi les hommes pour le bien du genre-humain. Nous ne devons donc pas regarder l'établissement du gouvernement comme un simple effet de *cette influence secrete qui anime toute la nature* ; mais de plus, comme une institution que Dieu veut, qui est conforme aux intentions de l'Etre tout sage, & à sa souveraine bonté. Cette conformité, que la droite raison nous découvre de l'aveu de Monsieur Hume, nous fait connoître par une conséquence claire & immédiate, qu'on ne peut outrager l'autorité souveraine du gouvernement, sans résister aux intentions, aux loix, à la volonté de l'Etre tout sage. Ce qui suffit pour rendre cette autorité sacrée & inviolable. Ce que la raison démontre sur ce sujet est pleinement confirmé par l'autorité même des Livres saints, qui nous découvrent d'une maniere plus distincte & plus authentique les volontés de l'Etre suprême. Pour s'en convaincre on n'a qu'à consulter le troisième livre de la politique tirée de l'Ecriture Sainte de Bossuet.

Quant aux différentes formes de gouvernement, Bossuet établit dans ce même ouvrage l. 11. les propositions suivantes : *que le premier empire parmi les hommes est l'empire paternel : qu'il s'établit pourtant bientôt des Rois, ou par le consentement des peuples, ou par les armes* : que néanmoins *il y a eu d'autres formes du gouvernement que celle de la Royauté ; qu'on doit s'attacher à la forme de gouvernement qu'on trouve établi dans son Pays : que la Monarchie est la forme du gouvernement la plus commune, la plus ancienne & aussi la plus natu-*

relle &c. Il eſt fâcheux que cet excellent ouvrage ſoit peut-être plus connu par la célébrité de l'Auteur, que par l'empreſſement du public à l'étudier. En s'attachant conſtamment aux maximes que ce grand homme a recueillies des livres ſaints, tous les Rois ſeroient peres, & les peuples heureux; & que peuvent-ils vouloir de plus?

Je n'ajoûterai qu'une réflexion ſur le droit de conquête. Grotius & les plus célèbres Ecrivains dans ce genre conviennent qu'on peut légitimement faire la guerre à un peuple qui violeroit ouvertement les premiers principes du droit naturel à l'égard des autres, en maſſacrant, par exemple, impitoyablement tous les étrangers qui aborderoient dans le Pays. Or ſi un tel peuple venoit à être conquis, le conquerant n'auroit-il pas droit de lui donner de meilleures loix? Le peuple conquis ne ſeroit-il pas tenu de les obſerver? Ces loix ne ſeroient pas néanmoins un réſultat des volontés du peuple conquis. Il y a donc des loix juſtes, qui obligent indépendemment de la volonté de ceux à qui elles sont imposées. Nouvelle preuve, que l'autorité souveraine tire sa force de cet ordre établi de Dieu & nécessaire à la conservation du genre-humain, ordre qui exige qu'il y ait dans la Société une puissance, pour réunir les forces particulières, & les diriger au bien commun.

Il suit de là que la liberté originaire que l'homme tient de la nature, n'est point une liberté d'indépendance totale, telle que quelques Philosophes l'imaginent dans l'état de nature. D'abord il est clair que tout homme naît sous la puissance paternelle, en sorte que si nous consultons l'ordre même de la nature, nous voyons qu'elle fait naître l'homme dans un état de dépendance, qu'elle le tient dans un assujettissement absolu pendant tout le tems de l'enfance, & qu'elle a tellement borné son pouvoir & ses facultés, qu'elle n'a pas voulu qu'il pût se suffire à lui-même, & qu'elle l'a mis dans la nécessité de dépendre du concours des autres pour tous les besoins de la vie.

D'un autre côté une famille ne peut éviter la rencontre des autres familles, que la propagation du genre-humain répand de contrée en contrée, où elles forment des assemblages, ou corps de Société plus ou moins nombreux. Toute famille qui se trouve dans l'enceinte de cette communication réciproque qui forme le lien d'un de ce corps de Société, se trouve par cela même nécessairement assujettie à l'autorité publique, qui par droit de nature réside dans ce corps de Société. Une famille, un individu peut quitter son sol natal, mais ce ne sera que pour rencontrer une autre peuplade, où il faudra dépendre également d'une autorité publique.

En supposant une famille parfaitement isolée, l'état de nature aura lieu dans cette famille à l'égard des autres Sociétés, mais non à l'égard des personnes qui la composent. Le pere est de droit naturel chef de sa famille; & en cette supposition la qualité de chef de famille est accompagnée de toute l'autorité nécessaire pour y maintenir l'ordre & la subordination.

L'indépendance de l'état de nature ne peut donc avoir lieu qu'à l'égard d'un individu, qui fortant de fa famille, & quittant tout ce qu'il y a d'habité fur la terre, iroit fe percher fur quelque rocher inacceffible, pour s'y repaître de racines, & vivre avec les corbeaux, les ours & les ferpens. Mais il faut renoncer à la raifon, ou avouer qu'une fi trifte indépendance feroit peu digne d'un être raifonnable.

Auffi la nature n'a point imprimé à l'homme d'inclination naturelle à cet état d'indépendance. Au contraire tous les hommes fentent la néceffité d'une autorité légitime pour maintenir l'ordre, & affurer la liberté & les droits d'un chacun. La nature abhorre l'efclavage, cet état où un homme eft à la merci d'un Maître autorifé à regarder fon efclave fur le pied d'une marchandife dont il peut difpofer à tous égards, comme d'une bête de charge, fans autre règle que celle du caprice & de l'intérêt. Mais abufer de ce mot d'efclavage par des applications auffi malignes que déplacées, pour rendre odieufe la fuborsubordination la plus légitime soit d'un enfant à l'égard de son pere, soit d'un citoyen à l'égard de sa patrie & du gouvernement. C'est un abus du langage qui ne peut faire illusion qu'à ceux qui lisent sans réflexion.

Ce double lien de subordination conserve toute sa force chez les peuples qui se sont le moins éloignés de la simplicité primitive de l'état naturel, & il ne leur paroit ni dur, ni pesant. Chez les sauvages le pere gouverne sa famille, la peuplade obéit à son chef. Un Sophiste qui s'aviseroit de les aller traiter d'esclaves, courroit risque de le devenir lui-même.

En général la nature a fait les hommes plus sensibles au besoin qu'à la dépendance. Or ils ne peuvent se procurer les moyens de satisfaire leurs besoins qu'à l'aide d'une communication réciproque, & ils sentent tous que cette communication leur deviendroit plus nuisible qu'avantageuse, si elle n'étoit assujettie à une autorité publique pour y maintenir l'ordre & la sûreté.

Les ames les plus fortes & les plus élevées n'ont jamais rien apperçu de dur, ni d'avilissant dans la subordination à l'autorité publique. Faut-il citer les Spartiates ? Faut-il citer les Romains ? Y eut-il jamais des ames plus fières, plus sensibles à la grandeur, & en même tems plus soumises à l'autorité ? Venons à des tems plus proches de nous ; les Bertrand du Guesclin, les Bayard, les Mollé, les Sulli, les Montausier ont vécu sous des Rois, & se sont fait une gloire de servir avec fidélité les Maîtres que la Providence leur avoit donnés. Cette légitime subordination ne flétrit jamais ni leur courage, ni leur vertu ; elle n'en fit ni de vils esclaves, ni de lâches adulateurs ; ils mériterent le nom de Héros plus encore par la magnanimité de leurs sentimens, que par la grandeur de leurs exploits.

F I N.

TABLE.

DISCOURS

	pag.
I. Que l'homme est né pour la Société.	1
II. De l'égalité naturelle.	32
III. Si l'état de Nature est un état de guerre.	45
IV. L'homme auroit-il dans l'état de Nature les notions morales du Juste, & de l'Injuste ?	65
V. Y a-t-il des Devoirs Moraux ?	83
VI. La Règle de la moralité peut-elle s'accorder avec l'amour de soi-même ?	99
VII. De la Loi naturelle.	127
VIII. Sanction de la Loi naturelle.	146
IX. Dispositions de l'esprit & du cœur à l'égard des Loix naturelles, dans l'état présent de la Nature.	167
X. Nécessité de la Réligion.	174

XI. Idée & division de la Société. 217

XII. La Société indispensable à l'homme par la nécessité de la coëxistence, lui deviendroit inutile ou nuisible sans un ordre de coëxistence, d'où dérive l'autorité publique. 226

XIII. De l'autorité publique dans la Société civile. 236

IMPRIMATUR.

F. Joannes Dominicus Piselli Ordinis Prædicatorum, S. T. M., Vicarius Generalis S. Officii Taurini.

V. Siccus AA. LL. P.

Vû soit imprimé.

Galli pour S. E. M. le Comte Caissotti Grand-Chancelier.

A TURIN.
Chez François Antoine Mairesse
Imprimeur à l'enseigne de S. Thérèse.

www.ingramcontent.com/pod-product-compliance
Lightning Source LLC
Chambersburg PA
CBHW050326170426
43200CB00009BA/1473